I0112323

MANUEL
DES SYNONYMES

DE

LA LANGUE FRANÇAISE,

AVEC DE NOMBREUX EXERCICES EN PROSE ET EN VERS, COMPOSÉS DES
PLUS BEAUX MORCEAUX DE NOS MEILLEURS AUTEURS,

PAR A. BONNAIRE,

MAITRE DE PENSION A VERSAILLES.

Corrigé des Exercices.

PARIS,

CHEZ PAUL DUPONT,

DIRECTEUR DE LA LIBRAIRIE NORMALE D'ÉDUCATION,
rue de Grenelle-Saint-Honoré, b. 55,

Et chez L. HACHETTE, rue Pierre-Sarrazin, n° 12.

1835.

Imprimerie de Paul Dupont, rue de Grenelle-St-Honoré, n. 55.

Z

MANUEL
DES SYNONYMES
DE
LA LANGUE FRANÇAISE.

Corrigé des Exercices.

X

19504 bis

Paris, Imprimerie de Paul Dupont, rue de Grenelle-St-Honoré, n. 55.

MANUEL
DES SYNONYMES

DE

LA LANGUE FRANÇAISE,

AVEC DE NOMBREUX EXERCICES EN PROSE ET EN VERS, COMPOSÉS DES
PLUS BEAUX MORCEAUX DE NOS MEILLEURS AUTEURS,

PAR A. BONNAIRE,

MAITRE DE PENSION A VERSAILLES.

Corrigé des Exercices.

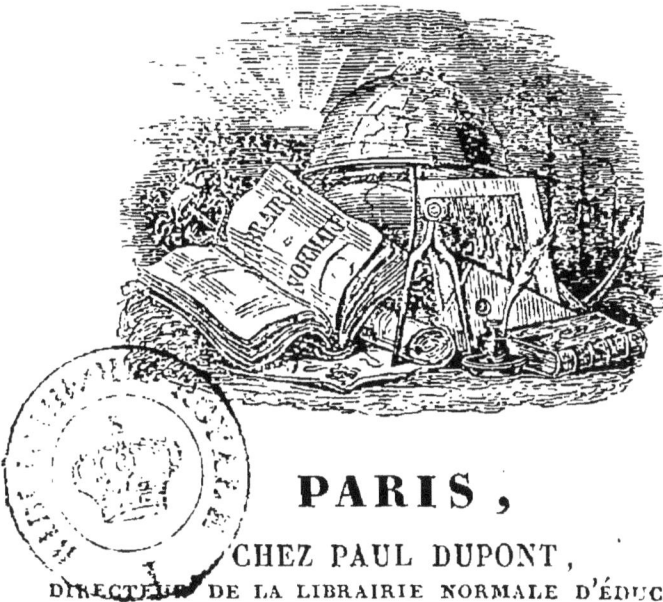

PARIS,

CHEZ PAUL DUPONT,

DIRECTEUR DE LA LIBRAIRIE NORMALE D'ÉDUCATION,
rue de Grenelle-Saint-Honoré, n. 55,

Et chez L. HACHETTE, rue Pierre-Sarrazin, n° 12.

1835.

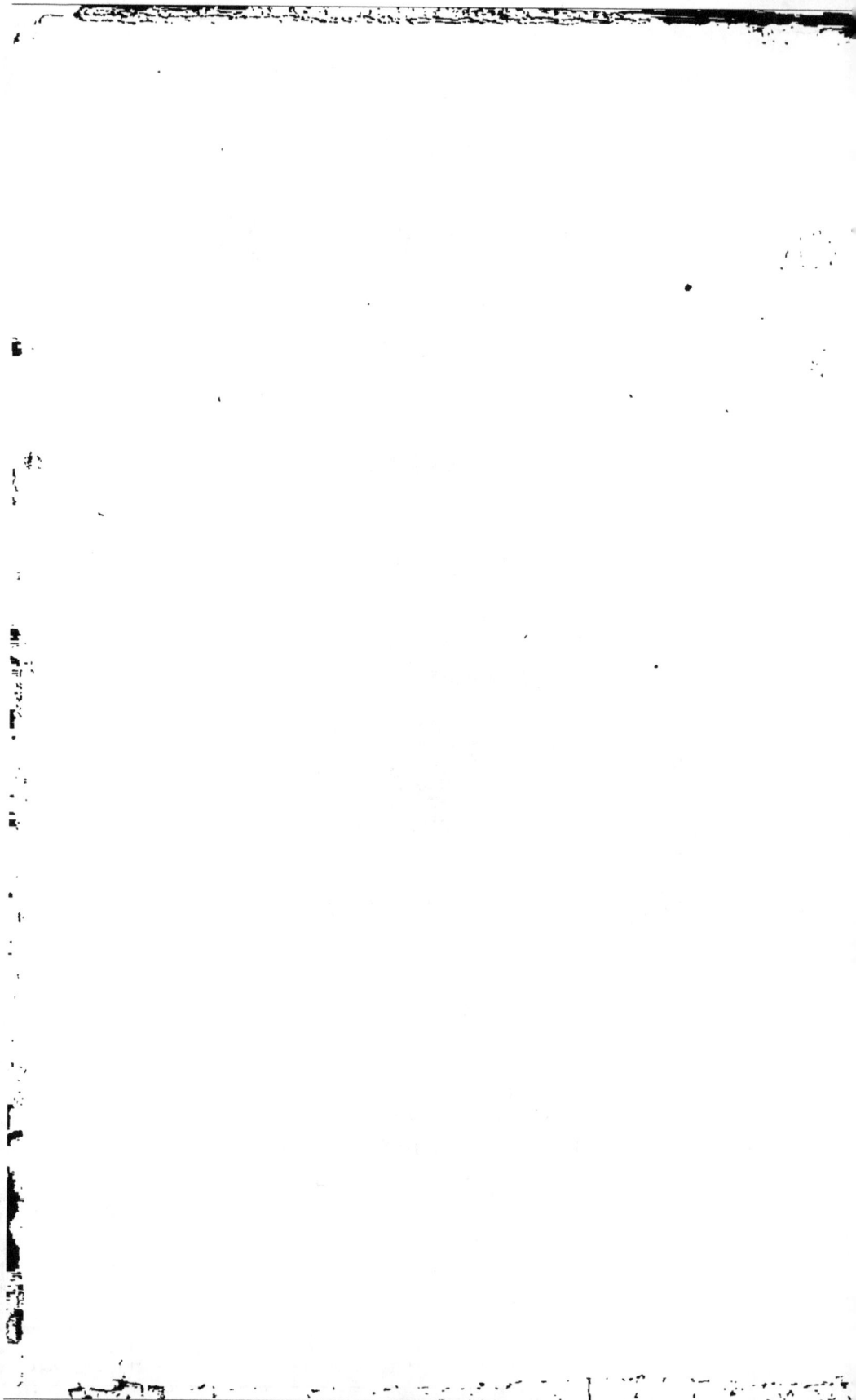

CORRIGÉ

DES EXERCICES.

MANUEL

DES SYNONYMES

DE

LA LANGUE FRANÇAISE.

I.

Les Châteaux en Espagne.

Chacun fait des châteaux en Espagne ;
On en fait à la ville, ainsi qu'à la campagne ;
On en fait en dormant , on en fait éveillé.
Le pauvre paysan, sur sa bêche appuyé,
Peut se croire un moment seigneur de son village ;
Le vieillard, oubliant les glaces de son âge,
Se figure aux genoux d'une jeune beauté,
Et sourit..... Son neveu sourit de son côté,
En songeant qu'un matin du bonhomme il hérite.
Telle femme se croit sultane favorite ;
Un commis est ministre; un jeune abbé, prélat ;
Le prélat... Il n'est pas jusqu'au simple soldat
Qui ne se soit, un jour, cru maréchal de France ;
Et le pauvre lui-même est riche en espérance.
. . . .
Et chacun redevient Gros-Jean comme devant.

Hé bien, chacun du moins fut heureux en rêvant.
C'est quelque chose encor, que de faire un beau rêve;
A nos chagrins réels c'est une utile trève;
Nous en avons besoin : nous sommes assiégés
De maux dont à la fin nous serions surchargés,
Sans ce délire heureux qui se glisse en nos veines.
Flatteuse illusion! doux oubli de nos peines!
Oh! qui pourrait compter les heureux que tu fais!
L'espoir et le sommeil sont de moindres bienfaits.
Délicieuse erreur! tu nous donnes d'avance
Le bonheur que promet seulement l'espérance;
Le doux sommeil ne fait que suspendre nos maux,
Et tu mets à la place un plaisir : en deux mots,
Quand je songe, je suis le plus heureux des hommes;
Et, dès que nous croyons être heureux, nous le sommes.
Il est fou.... là.... songer qu'on est roi! seulement!
. . . .
On peut bien quelquefois se flatter dans la vie :
J'ai, par exemple, hier, mis à la loterie,
Et mon billet enfin pourrait bien être bon.
Je conviens que cela n'est pas certain : oh! non;
Mais la chose est possible, et cela doit suffire.
Puis, en me le donnant, on s'est mis à sourire,
Et l'on m'a dit : «Prenez, car c'est là le meilleur.»
Si je gagnais pourtant le gros lot, quel bonheur!
J'achèterai d'abord une ample seigneurie...
Non, plutôt une bonne et grasse métairie;
Oh! oui, dans ce canton: j'aime ce pays-ci;
Et Justine, d'ailleurs, me plaît beaucoup aussi.
J'aurai donc à mon tour des gens à mon service!
Dans le commandement je serai peu novice;
Mais je ne serai point dur, insolent, ni fier,

Et me rappellerai ce que j'étais hier :
Ma foi , j'aime déjà ma ferme à la folie.
Moi gros fermier! j'aurai ma basse-cour remplie
De poules, de poussins, que je verrai courir :
De mes mains chaque jour je prétends les nourrir.
C'est un coup d'œil charmant! et puis cela rapporte.
Quel plaisir quand , le soir, assis devant ma porte,
J'entendrai le retour de mes moutons bêlans;
Que je verrai de loin revenir, à pas lents,
Mes chevaux vigoureux, et mes belles génisses !
Ils sont nos serviteurs, elles sont nos nourrices.
Et mon petit Victor , sur son âne monté,
Fermant la marche avec un air de dignité!
Je serai plus heureux que Monsieur sur un trône.
Je serai riche, riche, et je ferai l'aumône.
Tout bas, sur mon passage , on se dira : « Voilà
Ce bon M. Victor. » Cela me touchera.
Je puis bien m'abuser, mais ce n'est pas sans cause :
Mon projet est au moins fondé sur quelque chose...
(Il cherche.)
Sur un billet. Je veux revoir ce cher... Eh! mais...,
Où donc est-il? tantôt encore je l'avais.
Depuis quand ce billet est-il donc invisible?
Ah! l'aurais-je perdu? serait-il bien possible?
Mon malheur est certain : me voilà confondu.
(Il crie.)
Que vais-je devenir? Hélas ! j'ai tout perdu.
COLIN-D'HARLEVILLE.

1.

II.

Le Tableau allégorique,

OU LE PEINTRE, LE NOUVELLISTE, LE CAPITAINE-
CORSAIRE ET LE MÉDECIN.

On l'a dit avant moi, j'ose m'en prévaloir :
     Oui, l'apologue est un miroir;
     Mais, dans cette glace fidèle
C'est son voisin qu'on cherche, on ne veut pas s'y voir.
Contons à ce propos une fable nouvelle ;
Chez un peuple étranger j'en ai pris le sujet :
L'auteur fut habitant des bords de la Tamise.
     Or maintenant voici le fait,
     Que je vais narrer à ma guise.
Emule de Calot, un jeune peintre anglais
     S'exerçait au genre burlesque ;
   Il forme un jour, de cent bizarres traits,
Un tableau tout ensemble et moral et grotesque :
La Tamise circule au fond de ce tableau ;
Des ballots entassés encombrent ses rivages ;
Un ours, planté debout sur le pont d'un bateau,
     Est le premier des personnages:
Son œil creux est caché sous un large chapeau ;
Une hache, un damas pendent à sa ceinture ;
     Et, mon lourdaud le nez en l'air,
     Flairant quelque riche capture,
Semble attendre un bon vent pour se mettre à la mer.
     Mais quelle est cette autre merveille
Qui fait tant ricaner un groupe de plaisans?
     Pourquoi ces éclats si bruyans ?

M'y voici: je découvre un petit bout d'oreille ;
C'est maître aliboron, en docteur transformé :
Son chef est affublé d'une perruque énorme ;
On dirait, à le voir de sa lancette armé,
Qu'il attend quelque ânon pour le tuer en forme.
    Par un dernier coup de pinceau
    Couronnons enfin ce tableau.
Là paraît un hibou qui porte des lunettes ;
Entouré de papiers , il rêve , il se nourrit
    De la lecture des gazettes :
    Jugez combien il a d'esprit !
Ce tableau, si ma muse a bien su le décrire ,
    Offrait ample matière à rire :
    Aussi gens de tous les états
Accouraient pour le voir, et riaient aux éclats.
    Chacun complimente l'artiste.
Il faut en excepter un seul des curieux :
    C'est Patridge , le nouvelliste,
Qui se croit important, lorsqu'il n'est qu'ennuyeux
—Ne devinez-vous pas, dit-il , troupe crédule ,
Que ce peintre malin vous tourne en ridicule ?
Par exemple, parlez, capitaine Stribord,
    Vous, le plus dur de nos corsaires,
    Qui maudissez les vents contraires,
N'êtes-vous pas cet ours arrêté dans le port ?
    — Goddam ! je crois que tu me bernes,
Lui répond le marin outré d'un tel discours;
    Mais toi qui me prends pour cet ours,
    Digne orateur de nos tavernes,
C'est toi seul que l'artiste a peint dans ce hibou
— Oui, s'écrie une voix qui part on ne sait d'où,
C'est Patridge lui-même. — O comble d'insolence !

Réplique ce dernier ; ah! j'en donne ma foi,
Si la cour à l'instant ne répare l'offense,
Je ne me mêle plus des affaires du roi.
Chacun lui rit au nez; il écume de rage.
Johnston, le médecin, ignorant personnage,
L'aborde en plaisantant, veut lui tâter le pouls;
Mais Patridge lui dit : —Observez bien cet âne;
Votre confrère Gall, sans vous toucher le crâne,
Avouerait qu'on a peint le mignon d'après vous.

    A cette apostrophe sanglante,
Johnston veut répliquer, mais il reste confus.
Lorsqu'il entend cent voix s'écrier en chorus :
—C'est le docteur Johnston que l'âne représente.

    Patridge alors reprend avec fureur :
—Ecoutez, capitaine ; et vous aussi, docteur :
Ce peintre nous a fait une injure commune,
    En nous désignant tous les trois.
    Eh bien ! Messieurs , plus de rancune,
Et contre l'insolent portons plainte à la fois.
    La foule rit, le trio tonne ;
L'artiste cherche en vain à se justifier,
    Protestant qu'en particulier
    Il n'a voulu blesser personne.
On ne l'écoute pas. La cause fait du bruit;
Elle est portée enfin au tribunal suprême,
    J'entends celui du public même :
    Par lui le procès est instruit.
Or les noms des plaignans, que ce juge condamne,
    Passent bientôt de la ville aux faubourgs :
    Dans le corsaire on ne voit plus qu'un ours,
Dans Patridge un hibou, dans le docteur un âne.

    A quoi bon vous mettre en courroux,

Si vous reconnaissez vos traits dans quelque fable?
Il n'est en pareil cas qu'un parti raisonnable :
    Ne dites mot, corrigez-vous.

                        M. LE BAILLY.

III.

Le Lapin de La Fontaine.

Je m'étais ennuyé long-temps, et j'en avais ennuyé
bien d'autres. Je voulus aller m'ennuyer tout seul. J'ai
une fort belle forêt. J'y allai un jour, ou, pour mieux
dire, un soir, pour tirer un lapin. C'était à l'heure de l'af-
fût. Quantité de lapereaux paraissaient, disparaissaient,
se grattaient le nez, faisaient mille bonds, mille tours,
mais toujours si vite, que je n'avais pas le temps de
lâcher mon coup. Un ancien, d'un poil un peu plus gris,
d'une allure plus posée, parut tout d'un coup au bord de
son terrier. Après avoir fait sa toilette tout à son aise (car
c'est de là qu'on dit Propre comme un lapin), voyant que
je le tenais au bout de mon fusil : Tire donc, me dit-
il, qu'attends-tu? Oh! je vous avoue que je fus saisi d'é-
tonnement!... Je n'avais jamais tiré qu'à la guerre, sur
des animaux qui parlent. Je n'en ferai rien, lui dis-je,
tu es sorcier, ou je meure. — Moi, point du tout, me
répondit-il; je suis un vieux lapin de La Fontaine.

Oh! pour le coup, je tombai de mon haut. Je me mis
à ses petits pieds : je lui demandai mille pardons, et
lui fis des reproches de ce qu'il s'était exposé. Eh! d'où
vient cet ennui de vivre? — De tout ce que je vois.
— Ah! bon Dieu, n'avez-vous pas le même thym, le

même serpolet? — Oui. Mais ce ne sont plus les mêmes
gens. Si tu savais avec qui je suis obligé de passer
ser ma vie! Hélas! ce ne sont plus les bêtes de mon
temps. Ce sont de petits lapins musqués qui cherchent
des fleurs. Ils veulent se nourrir de roses, au lieu d'une
bonne feuille de chou qui nous suffisait autrefois. Ce sont
des lapins géomètres, politiques, philosophes; que
sais-je? D'autres qui ne parlent qu'allemand; d'autres
qui parlent un français que je n'entends pas davantage. Si
je sors de mon trou pour passer chez quelque gent voi-
sine, c'est de même; je ne comprends plus personne.
Les bêtes d'aujourd'hui ont tant d'esprit! Enfin, vous
le dirai-je, à force d'en avoir, ils en ont si peu, que
notre vieux âne en avait davantage que les singes de ce
temps-ci.

Je priai mon lapin de ne plus avoir d'humeur, et je
lui dis que j'aurais soin de lui et de ses camarades, s'il
s'en trouvait encore. Il me promit de me dire ce qu'il
disait à La Fontaine, et de me mener chez ses vieux
amis. Il m'y mena en effet. La grenouille, qui n'était pas
tout-à-fait morte, quoiqu'il l'eût dit, était de la plus
grande modestie, en comparaison des autres animaux que
nous voyons tous les jours : ses crapauds, ses ciga-
les chantaient mieux que nos rossignols : ses loups va-
laient mieux que nos moutons. Adieu, petit lapin, je vais
retourner dans mes bois, à mes champs et à mon verger.
J'élèverai une statue à La Fontaine, et je passerai ma vie
avec les bêtes de ce bonhomme.

                                LE PRINCE DE LIGNE.

IV.

Belzunce,

OU LA PESTE DE MARSEILLE.

Cité, console-toi : par le ciel envoyé,
Dans ton sein va descendre un ange de pitié ;
Le cri de tes douleurs frappe au loin son oreille,
Et Belzunce revole aux remparts de Marseille.
On s'écrie : « Arrêtez ! où portez-vous vos pas ?
« Fuyez ! fuyez la mort ! — Non, je ne fuirai pas.
« Qu'une indigne frayeur lâchement me retienne !
« Non, ce peuple est mon peuple, et ma vie est la sienne !
« Ma place est là. J'y cours. Ce fléau destructeur
« Doit, avec le troupeau, dévorer le pasteur. »
En achevant ces mots, intrépide il s'élance,
Et des murs consternés traverse le silence...
Pour son cœur paternel, ô tableau douloureux !
Un peuple de mourans, au teint hâve, à l'œil creux,
Fantômes animés, errant de place en place,
Pâles, et frissonnant d'une sueur de glace,
Et soutenant à peine un corps défiguré
Que le brûlant ulcère a presque dévoré...

Belzunce ouvre aux douleurs un asile propice ;
Son palais se transforme en un pieux hospice :
Les lits nombreux du pauvre, alignés tristement,
Du vertueux séjour sont l'unique ornement.

Le prélat revêtu d'une bure grossière,
Et le front tout souillé de cendre et de poussière,

D'un bras infatigable éloigne le trépas.
L'aumône, ouvrant les mains, volé devant ses pas.
Oh! quels flots de bienfaits épanchés dans sa course!
De son or généreux il épuise la source;
D'un pied muet, il entre au fond des noirs réduits
Où veille la douleur dans la longueur des nuits,
Et présente au mourant, qu'un feu secret consume,
Du breuvage ordonné la propice amertume;
Du mortel expirant il recueille les vœux,
Les derniers repentirs et les derniers aveux;
Lui montre dans la mort le retour salutaire.
D'un habitant des cieux exilé sur la terre,
Et le guide, aux clartés de son divin flambeau,
Au séjour immortel qui commence au tombeau.

Sous l'aile du Seigneur, le prélat vénérable.
Dans le commun fléau demeure invulnérable:
Durant vingt nuits ses yeux ne se sont point fermés;
A la sombre lueur des fanaux enflammés,
Il veille, infatigable, et sa marche assidue
Parcourt de la cité la plaintive étendue.....
.....Belzunce, en ces pieux instans,
Humble, et le cou pressé du nœud des pénitents,
Le pied nu, l'œil au ciel, à l'entour des murailles,
A voix basse entonnait l'hymne des funérailles.
Purifiant la terre où s'imprimaient ses pas,
Par sa seule présence il impose au trépas;
Et, d'un peuple mourant apaisant la souffrance,
De la tombe entr'ouverte il trompe l'espérance.

MILLEVOYE.

V.

Lusignan à sa fille

pour la ramener à la religion de ses pères.

Mon Dieu, j'ai combattu soixante ans pour ta gloire ;
J'ai vu tomber ton temple et périr ta mémoire :
Dans un cachot affreux abandonné vingt ans,
Mes larmes t'imploraient pour mes tristes enfans ;
Et lorsque ma famille est par toi réunie,
Quand je trouve une fille, elle est ton ennemie !
Je suis bien malheureux !..... C'est ton père, c'est moi,
C'est ma seule prison qui t'a ravi ta foi.

Ma fille, tendre objet de mes dernières peines,
Songe au moins, songe au sang qui coule dans tes veines :
C'est le sang de vingt rois, tous chrétiens comme moi ;
C'est le sang des héros, défenseurs de ma loi ;
C'est le sang des martyrs..... O fille encor trop chère !
Connais-tu ton destin ? sais-tu quelle est ta mère ?
Sais-tu bien qu'à l'instant que son flanc mit au jour
Ce triste et dernier fruit d'un malheureux amour,
Je la vis massacrer par la main forcenée,
Par la main des brigands à qui tu t'es donnée
Tes frères, ces martyrs égorgés à mes yeux,
T'ouvrent leurs bras sanglans tendus du haut des cieux.

Ton Dieu que tu trahis, ton Dieu que tu blasphèmes,
Pour toi, pour l'univers, est mort en ces lieux mêmes,
En ces lieux où mon bras le servit tant de fois,
En ces lieux où son sang te parle par ma voix.
Vois ces murs, vois ce temple envahi par tes maitres :

2

Tout annonce le Dieu qu'ont vengé tes ancêtres.
Tourne les yeux: sa tombe est près de ce palais;
C'est ici la montagne où, lavant nos forfaits,
Il voulut expirer sous les coups de l'impie;
C'est là que de la tombe il rappela sa vie:
Tu ne saurais marcher dans cet auguste lieu,
Tu n'y peux faire un pas sans y trouver ton Dieu;
Et tu n'y peux rester sans renier ton père,
Ton honneur qui te parle et ton Dieu qui t'éclaire.
Je te vois dans mes bras et pleurer et gémir;
Sur ton front pâlissant Dieu mit le repentir;
Je vois la vérité dans ton cœur descendue;
Je retrouve ma fille après l'avoir perdue;
Et je reprends ma gloire et ma félicité,
En dérobant mon sang à l'infidélité.

VOLTAIRE, Zaïre, acte II scène 3.

VI.

La Providence.

« Combien l'homme est infortuné !
Le sort maîtrise sa faiblesse,
Et de l'enfance à la vieillesse,
D'écueils il marche environné;
Le temps l'entraîne avec vitesse;
Il est mécontent du passé;
Le présent l'afflige et le presse;
Dans l'avenir toujours placé,
Son bonheur recule sans cesse;
Il meurt en rêvant le repos.
Si quelque douceur passagère
Un moment console ses maux,

C'est une rose solitaire
Qui fleurit parmi des tombeaux.
Toi, dont la puissance ennemie
Sans choix nous condamne à la vie,
Et proscrit l'homme en le créant,
Jupiter, rends-moi le néant! »
Aux bords lointains de la Tauride,
Et seul sur des rochers déserts,
Qui repoussent les flots amers,
Ainsi parlait Éphimécide.
Absorbé dans ce noir penser,
Il contemple l'onde orageuse;
Puis, d'une course impétueuse,
Dans l'abîme il veut s'élancer.
Tout-à-coup une voix divine
Lui dit : « Quel transport te domine?
L'homme est le favori des cieux;
Mais du bonheur la source est pure.
Va, par un injuste murmure,
Ingrat, n'offense plus les dieux. »
Surpris et long-temps immobile,
Il baisse un œil respectueux.
Soumis enfin et plus tranquille,
A pas lents il quitte ces lieux.
Deux mois sont écoulés à peine,
Il retourne sur le rocher.
« Grands Dieux! votre voix souveraine
Au trépas daigna m'arracher;
Bientôt votre main secourable
A mon cœur offrit un ami.
J'abjure un murmure coupable;
Sur mon destin j'ai trop gémi.

Vous ouvrez un port dans l'orage ;
Souvent votre bras protecteur
S'étend sur l'homme, et le malheur
N'est pas son unique héritage. »
Il se tait. Par les vents ployé,
Faible, sur son frère appuyé,
Un jeune pin frappe sa vue :
Auprès il place une statue,
Et la consacre à l'amitié.

Il revient après un année :
Le plaisir brille dans ses yeux ;
La guirlande de l'hyménée
Couronne son front radieux .
« J'osai, dans ma sombre folie,
Blâmer les décrets éternels,
Dit-il ; mais j'ai vu Glycérie,
J'aime, et du bienfait de la vie
Je rends grâce aux dieux immortels. »
Son ame doucement émue
Soupire ; et, dès le même jour,
Sa main, non loin de la statue,
Elève un autel à l'amour.

Deux ans après, la fraîche aurore
Sur le rocher le voit encore :
Ses regards sont doux et sereins ;
Vers le ciel il lève ses mains :
« Je t'adore, ô bonté suprême !
L'amitié, l'amour enchanteur
Avaient commencé mon bonheur
Mais j'ai trouvé le bonheur même.
Périssent les mots odieux

Que prononça ma bouche impie !
Oui, l'homme, dans sa courte vie,
Peut encore égaler les dieux. »
Il dit : sa piété s'empresse
De construire un temple en ces lieux ;
Il en bannit avec sagesse
L'or et le marbre ambitieux,
Et les arts, enfans de la Grèce ;
Le bois, le chaume et le gazon
Remplacent leur vaine opulence ;
Et sur le modeste fronton
Il écrit : A LA BIENFAISANCE.

PARNY.

VII.

Le premier Homme

Fait l'histoire de ses premiers mouvemens, ses premières sensations, ses premiers jugemens, après la création.

Je me souviens de cet instant plein de joie et de trouble où je sentis, pour la première fois, ma singulière existence : je ne savais ce que j'étais, où j'étais, d'où je venais. J'ouvris les yeux : quel surcroît de sensation ! la lumière, la voûte céleste, la verdure de la terre, le cristal des eaux, tout m'occupait, m'animait, et me donnait une sentiment inexprimable de plaisir. Je crus d'abord que tous ces objets étaient en moi, et faisaient partie de moi-même. Je m'affermissais dans cette pensée naissante, lorsque je tournai les yeux vers l'astre de la lumière ; son éclat me blessa ; je fermai involontai-

2.

rement la paupière, et je sentis une légère douleur. Dans ce moment d'obscurité, je crus avoir perdu tout mon être.

Affligé, saisi d'étonnement, je pensais à ce grand changement, quand tout-à-coup j'entends des sons : le chant des oiseaux, le murmure des airs, formaient un concert dont la douce impression me remuait jusqu'au fond de l'ame; j'écoutai long-temps, et je me persuadai bientôt que cette harmonie était moi.

Attentif, occupé tout entier de ce nouveau genre d'existence, j'oubliais déjà la lumière, cette autre partie de mon être que j'avais connue la première, lorsque je rouvris les yeux. Quelle joie de me retrouver en possession de tant d'objets brillans! mon plaisir surpassa tout ce que j'avais senti la première fois, et suspendit pour un temps le charmant effet des sons.

Je fixais mes regards sur mille objets divers; je m'aperçus bientôt que je pouvais perdre et retrouver ces objets, et que j'avais la puissance de détruire et de reproduire à mon gré cette belle partie de moi-même; et, quoiqu'elle me parût immense en grandeur, et par la quantité des accidens de lumière, et par la variété des couleurs, je crus reconnaître que tout était contenu dans une portion de mon être.

Je commençais à voir sans émotion, et à entendre sans trouble, lorsqu'un air léger, dont je sentis la fraîcheur, m'apporta des parfums qui me causèrent un épanouissement intime, et me donnèrent un sentiment d'amour pour moi-même.

Agité par toutes ces sensations, pressé par les plaisirs d'une si belle et si grande existence, je me levai tout d'un coup, et je me sentis transporté par une force inconnue.

Je ne fis qu'un pas; la nouveauté de ma situation me rendit immobile, ma surprise fut extrême; je crus que mon existence fuyait : le mouvement que j'avais fait avait confondu les objets; je m'imaginais que tout était en désordre.

Je portai la main sur ma tête, je touchai mon front et mes yeux; je parcourus mon corps : ma main me parut être alors le principal organe de mon existence. Ce que je sentais dans cette partie était si distinct et si complet, la jouissance m'en paraissait si parfaite, en comparaison du plaisir que m'avaient causé la lumière et les sons, que je m'attachai tout entier à cette partie solide de mon être, et je sentis que mes idées prenaient de la profondeur et de la réalité.

Tout ce que je touchais sur moi semblait rendre à ma main sentiment pour sentiment, et chaque attouchement produisait dans mon ame une double idée.

Je ne fus pas long-temps sans m'apercevoir que cette faculté de sentir était répandue dans toutes les parties de mon être; je reconnus bientôt les limites de mon existence, qui m'avait paru d'abord immense en étendue.

J'avais jeté les yeux sur mon corps; je le jugeais d'un volume énorme, et si grand, que tous les objets qui avaient frappé mes yeux ne me paraissaient, en comparaison, que des points lumineux.

Je m'examinai long-temps, je me regardais avec plaisir, je suivais ma main de l'œil, j'observais ses mouvemens. J'eus sur tout cela les idées les plus étranges; je croyais que le mouvement de ma main n'était qu'une espèce d'existence fugitive, une succession de choses semblables; je l'approchai de mes yeux; elle me parut alors plus grande que tout mon corps, et elle fit disparaître à ma vue un nombre infini d'objets.

Je commençai à soupçonner qu'il y avait de l'illusion dans cette sensation qui me venait par les yeux. J'avais vu distinctement que ma main n'était qu'une petite partie de mon corps, et je ne pouvais comprendre qu'elle fût augmentée au point de me paraître d'une grandeur démesurée. Je résolus donc de ne me fier qu'au toucher, qui ne m'avait pas encore trompé, et d'être en garde sur toutes les autres façons de sentir et d'être.

Cette précaution me fut utile : je m'étais remis en mouvement, et je marchais la tête haute et levée vers le ciel ; je me heurtai légèrement contre un palmier: Saisi d'effroi, je portai ma main sur ce fruit étranger ; je le jugeai tel, parce qu'il ne me rendit pas sentiment pour sentiment. Je me détournai avec une espèce d'horreur, et connus, pour la première fois, qu'il y avait quelque chose hors de moi.

Plus agité par cette nouvelle découverte que je ne l'avais été par toutes les autres, j'eus peine à me rassurer ; et, après avoir médité sur cet événement, je conclus que je devais juger des objets extérieurs comme j'avais jugé des parties de mon corps, et qu'il n'y avait que le toucher qui pût m'assurer de leur existence.

Je cherchais donc à toucher tout ce que je voyais ; je voulais toucher le soleil ; j'étendais les bras pour embrasser l'horizon, et je ne trouvais que le vide des airs.

A chaque expérience que je tentais, je tombais de surprise en surprise ; car tous les objets paraissaient être également près de moi, et ce ne fut qu'après une infinité de preuves que j'appris à me servir de mes yeux pour guider ma main ; et, comme elle me donnait des idées toutes différentes des impressions que je recevais par le sens de la vue, mes sensations n'étant pas d'accord entre elles, mes jugemens n'en étaient que plus imparfaits, et le total de mon être n'était encore pour moi-même qu'une existence en confusion.

Profondément occupé de moi, de ce que j'étais, de ce que je pouvais être, les contrariétés que je venais d'éprouver m'humilièrent. Plus je réfléchissais, plus il se présentait de doutes. Lassé de tant d'incertitudes, fatigué des mouvemens de mon ame, mes genoux fléchirent, et je me trouvai dans une situation de repos. Cet état de tranquillité donna de nouvelles forces à mes sens.

J'étais assis à l'ombre d'un bel arbre : des fruits d'une couleur vermeille descendaient en forme de grappe à la portée de la main. Je les touchais légèrement : aussitôt ils se séparent de la branche, comme la figue s'en sépare dans le temps de sa maturité.

J'avais saisi un de ces fruits : je m'imaginai avoir fait une conquête, et je me glorifiai de la faculté que je sentais de pouvoir contenir dans ma main un autre être tout entier. Sa pesanteur, quoique peu sensible, me parut une résistance animée, que je me faisais un plaisir de vaincre. J'avais approché ce fruit de mes yeux ; j'en considérais la forme et les couleurs. Une odeur délicieuse me le fit approcher davantage ; il se trouva près de mes lèvres ; je tirais à longues inspirations le parfum, et je goûtais à longs traits les plaisirs de l'odorat. J'étais intérieurement rempli de cet air embaumé. Ma bouche s'ouvrit pour l'exhaler ; elle se rouvrit pour en reprendre : je sentis que je possédais un odorat intérieur, plus fin, plus délicat encore que le premier ; enfin, je goûtai.

Quelle saveur ! quelle nouveauté de sensation ! Jusque-là je n'avais eu que des plaisirs ; le goût me donna le sentiment de la volupté. L'intimité de la jouissance fit naître l'idée de la possession. Je crus que la substance de ce fruit était devenue la mienne, et que j'étais le maître de transformer les êtres.

Flatté de cette idée de puissance, incité par le plaisir que j'avais senti, je cueillis un second et un troisième fruit ; et je ne me lassais pas d'exercer ma main pour satisfaire mon goût ; mais une langueur agréable, s'emparant peu à peu de tous mes sens, appesantit mes membres, et suspendit l'activité de mon ame. Je jugeai de mon inaction par la mollesse de mes pensées ; mes sensations émoussées arrondissaient tous les objets, et ne présentaient que des images faibles et mal terminées.

Dans cet instant, mes yeux devénus inutiles se fermèrent ; et ma tête, n'étant plus soutenue par la force des muscles, pencha pour trouver un appui sur le gazon. Tout fut effacé, tout disparut, la trace de mes pensées fut interrompue, je perdis le sentiment de mon existence. Ce sommeil fut profond ; mais je ne sais s'il fut de longue durée, n'ayant point encore l'idée du temps, et ne pouvant le mesurer. Mon réveil ne fut qu'une seconde naissance, et je sentis seulement que j'avais cessé d'être. Cet anéantissement que je venais d'éprouver me donna quelque idée de crainte, et me fit sentir que je ne devais pas exister toujours.

J'eus une autre inquiétude : je ne savais si je n'avais pas laissé dans le sommeil quelque partie de mon être. J'essayai mes sens ; je cherchai à me reconnaître.

Dans cet instant, l'astre du jour, sur la fin de sa course, éteignit son flambeau. Je m'aperçus à peine que je perdais le sens de la vue ; j'existais trop pour craindre

de cesser d'être; et ce fut vainement que l'obscurité
où je me trouvai me rappela l'idée de mon premier
sommeil.

BUFFON, *Histoire naturelle de l'homme.*

VIII.

Le mérite des Femmes.

Quel éclat doit ce sexe à sa vertu suprême
Mais ne la montre-t-il que sous le diadème ?
A l'exercer partout son cœur est empressé.
Ouvre-toi, triste enceinte, où le soldat blessé,
Le malade indigent et qui n'a point d'asile
Reçoivent un secours trop souvent inutile :
Là, des femmes, portant le nom chéri de sœurs,
D'un zèle affectueux prodiguent les douceurs.
Plus d'une apprit long-temps dans un saint monastère,
En invoquant le ciel, à protéger la terre ;
Et, vers l'infortuné s'élançant des autels,
Fut l'épouse d'un Dieu pour servir les mortels.
O courage touchant! ces tendres bienfaitrices,
Dans un séjour infect où sont tous les supplices,
De mille êtres souffrans prévenant les besoins,
Surmontent les dégoûts des plus pénibles soins ;
Du chanvre salutaire entourent leurs blessures
Et réparent ce lit témoin de leurs tortures,
Ce déplorable lit dont l'avare pitié
Ne prête à la douleur qu'une étroite moitié.
De l'humanité même elles semblent l'image ;
Et les infortunés que leur bonté soulage
Sentent avec bonheur, peut-être avec amour,

Qu'une femme est l'ami qui les ramène au jour.

O femmes! c'est à tort qu'on vous nomme timides;
A la voix de vos cœurs vous êtes intrépides.
Pourquoi de vils bourreaux, dans l'empire Thébain,
Dévouant ANTIGONE aux horreurs de la faim
La plongent-ils vivante en une grotte obscure?
C'est qu'à son frère mort donnant la sépulture,
Sa main religieuse à la tombe a remis
Ces restes qu'aux vautours la haine avait promis.
Elle savait la loi qui la mène au supplice;
Mais elle n'a rien vu que son cher Polynice;
Qui, privé du tombeau, réclamait son appui;
Et, pour l'ensevelir, elle meurt avec lui.
Qu'à fait cette EPONINE à l'échafaud conduite?
Dans un obscur réduit, où, dérobant sa fuite,
Sabinus d'un vainqueur trompa dix ans les coups,
Elle vint partager les périls d'un époux.
De l'amour conjugal, ô mémorable exemple!
Pour elle un souterrain du bonheur fut le temple.
Aux yeux de Sabinus elle sut, chaque jour,
Embellir par ses soins le plus affreux séjour:
Que ne peut le devoir sur ces ames fidèles!

Eh! pourquoi loin de nous en chercher des modèles?
Naguère en nos climats, lorsque de tout côté
Pesait des DÉCEMVIRS le sceptre ensanglanté,
N'ont-elles pas prouvé, par mille traits sublimes,
Combien leurs sentimens les rendent magnanimes?
La peur régnait partout: plus de cœur, plus d'ami;
Le Français du Français paraissait l'ennemi:
Chacun savait mourir, nul ne savait défendre.
Elles seules, d'un zèle ingénieux et tendre,

Pour détourner la mort qui nous menaçait tous,
Osèrent des tyrans aborder le courroux.
Celle-ci, dès l'aurore, au repos arrachée,
Attendait leur présence, à leur porte attachée ;
Celle-là d'un geolier insensible à ses pleurs,
Désarmant par son or les avares fureurs,
Dans un sombre cachot, d'un époux ou d'un père
Accourait, chaque jour, consoler la misère.
L'une, d'un objet cher qui marchait à la mort,
Demandait avec joie à partager le sort.

. . . .
. . . .

Toutes enfin, l'appui des Français malheureux,
Parlaient, priaient, pleuraient ou s'immolaient pour eux :
Leur ame en nos dangers fut toujours secourable.
Remontons au moment où d'un règne exécrable
SEPTEMBRE ouvrit le long et vaste assassinat.
Dans le sommeil des lois, dans l'effroi du sénat,
Des monstres qu'irritaient Bacchus et les Furies,
Aux prisons en hurlant portent leurs barbaries.
Ils mêlent sous leurs coups les sexes et les rangs ;
Ils jettent morts sur morts, et mourans sur mourans ;
Tout frémit.... Une fille, au printemps de son âge,
SOMBREUIL, vient éperdue affronter le carnage.
                                        LEGOUVÉ.

IX.

Canut.

Dans les annales d'Angleterre,
On vante avec raison le règne de Canut ;
Car c'était un bon roi, si jamais il en fut ;

3

Non moins sage au conseil qu'intrépide à la guerre,
Il fut pieux encore, et je n'ai pas appris
    Que son royaume en allât pis :
    Or écoutez un trait de son histoire,
Que j'ai lu quelque part. Où ? je n'en sais plus rien ;
    Mais qu'importe l'historien,
Voici le fait, et j'ai bonne mémoire.

    Sur les bords de la mer un jour
Canut se promenait, escorté de sa cour :
Que j'aime à contempler cette liquide plaine !
Disait-il ; et flatteurs de répondre à la fois :
    O roi, le plus puissant des rois !
    C'est un fief de votre domaine.
— Quoi ! ce vaste océan... — Est soumis à vos lois.
    — Mais lorsqu'il s'agite, qu'il gronde,
Qui pourrait arrêter la fureur de son onde ?
    — Vous seul pouvez y mettre un frein.
Canut est indigné de tant de flatterie;
Il veut les en punir, et soudain il s'écrie :
Ainsi donc de la mer je suis le souverain !
Essayons mon pouvoir ; l'occasion est belle.
Le flux s'approche. — Eloignons nous. — Pourquoi ?
    Il ferait beau voir qu'à son roi
    Un sujet se montrât rebelle !
Silence. On se regarde, et chacun reste coi.
Canut fait apporter son fauteuil, sa couronne,
S'assied ; puis, étendant son sceptre vers les flots,
    A la mer il parle en ces mots :
O mer, retire-toi, ton maître te l'ordonne
    Le flux va toujours s'élevant ;
    Il a bientôt couvert la plage.
Quand le roi sous ses pieds sent le sable mouvant,

Force est de quitter le rivage :
Notez que ces messieurs avaient pris le devant.
Canut leur tient alors ce sévère langage :
    Par vos discours insidieux ,
    Vous croyiez m'abuser peut-être ;
Apprenez que la mer ne reconnaît qu'un maître ;
Ce maître c'est celui de la terre et des cieux :
Le plus puissant des rois n'est qu'un homme à ses yeux,
Et l'homme un vermisseau que sa bonté fit naître.
    Mais abrégeons de vains discours :
Vil troupeau de flatteurs, c'en est fait, je vous chasse !
    Vous êtes le fléau des cours.
Ah! puissent mes pareils se rappeler toujours
    Mon exemple et votre disgrace !

FLORIAN.

X.

Andromaque,

AU MOMENT OU PYRRHUS VEUT IMMOLER SON FILS.

ANDROMAQUE.

Dois-je oublier Hector privé de funérailles,
Et traîné sans honneur autour de nos murailles ?
Dois-je oublier son père à mes pieds renversé,
Ensanglantant l'autel qu'il tenait embrassé ?
Songe, songe, Céphise, à cette nuit cruelle
Qui fut pour tout un peuple une nuit éternelle ;
Figure-toi Pyrrhus les yeux étincelans,
Entrant à la lueur de nos palais brûlans,
Sur tous mes frères morts se faisant un passage,
Et, de sang tout couvert, échauffant le carnage ;

Songe aux cris des vainqueurs, songe aux cris des mourans
Dans la flamme étouffés, sous le fer expirans ;
Peins-toi dans ces horreurs Andromaque éperdue :
Voilà comme Pyrrhus vint s'offrir à ma vue ;
Voilà par quels exploits il sut se couronner ;
Enfin, voilà l'époux que tu me veux donner.
Non, je ne serai point complice de ses crimes :
Qu'il nous prenne, s'il veut, pour dernières victimes.
Tous mes ressentimens lui seraient asservis !

CÉPHISE.

Eh bien ! allons donc voir expirer votre fils :
On n'attend plus que vous..... Vous frémissez, madame ?

ANDROMAQUE.

Ah ! de quel souvenir viens-tu frapper mon ame ?
Quoi ! Céphise, j'irai voir expirer encor
Ce fils, ma seule joie, et l'image d'Hector ?
Ce fils, que de sa flamme il me laissa pour gage ?
Hélas ! je m'en souviens : le jour que son courage
Lui fit chercher Achille, ou plutôt le trépas,
Il demanda son fils, et le prit dans ses bras :
« Chère épouse, dit-il, en essuyant mes larmes,
« J'ignore quel succès le sort garde à mes armes ;
« Je te laisse mon fils pour gage de ma foi :
« S'il me perd, je prétends qu'il me retrouve en toi.
« Si d'un heureux hymen la mémoire t'est chère,
« Montre au fils à quel point tu chérissais le père. »
Et je puis voir répandre un sang si précieux !
Et je laisse avec lui périr tous ses aïeux !
Roi barbare, faut-il que mon crime l'entraîne ?
Si je te hais, est-il coupable de ma haine ?
T'a-t-il de tous les siens reproché le trépas ?
S'est-il plaint à tes yeux des maux qu'il ne sent pas ?

Mais cependant, mon fils, tu meurs si je n'arrête
Le fer que le cruel tient levé sur ta tête.
Je l'en puis détourner, et je t'y vais offrir !...
Non, tu ne mourras point, je ne le puis souffrir.
Allons trouver Pyrrhus.

RACINE, *Andromaque*, acte III, scène 8.

XI.

La Lice et sa Compagne.

Une lice étant sur son terme,
Et ne sachant où mettre un fardeau si pesant,
Fait si bien qu'à la fin sa compagne consent
De lui prêter sa hutte, où la lice s'enferme.
Au bout de quelque temps sa compagne revient.
La lice lui demande encore une quinzaine :
Ses petits ne marchaient, disait-elle, qu'à peine.
    Pour faire court, elle l'obtient.
Ce second terme échu, l'autre lui redemande
    Sa maison, sa chambre, son lit.
La lice, cette fois, montre les dents, et dit :
Je suis prête à sortir avec toute ma bande,
    Si vous pouvez nous mettre hors.
    Ses enfans étaient déjà forts.

Ce qu'on donne aux méchans, toujours on le regrette :
    Pour tirer d'eux ce qu'on leur prête
    Il faut que l'on en vienne aux coups ;
    Il faut plaider, il faut combattre :
    Laissez-leur prendre un pied chez vous,
    Ils en auront bientôt pris quatre.

LA FONTAINE.

XII.

Passage des Alpes par François Ier.

On part ; un détachement reste et se fait voir sur le Mont-Cenis et sur le Mont-Genèvre, pour inquiéter les Suisses, et leur faire craindre une attaque. Le reste de l'armée passe à gué la Durance, et s'engage dans les montagnes, du côté de Guillestre ; trois mille pionniers la précèdent. Le fer et le feu lui ouvrent une route difficile et périlleuse à travers les rochers ; on remplit des vides immenses avec des fascines et de gros arbres ; on bâtit des ponts de communication ; on traîne, à force d'épaules et de bras, l'artillerie dans quelques endroits inaccessibles aux bêtes de somme : les soldats aident les pionniers ; les officiers aident les soldats ; tous indistinctement manient la pioche et la cognée, poussent aux roues, tirent les cordages ; on gravit sur les montagnes ; on fait des efforts plus qu'humains ; on brave la mort qui semble ouvrir mille tombeaux dans ces vallées profondes que l'Argentière arrose, et où des torrens de glaces et de neiges fondues par le soleil se précipitent avec un fracas épouvantable. On ose à peine les regarder de la cime des rochers sur lesquels on marche en tremblant par des sentiers étroits, glissans et raboteux, où chaque faux pas entraîne une chûte, et d'où l'on voit souvent rouler au fond des abîmes, et les hommes, et les bêtes avec toute leur charge. Le bruit des torrens, les cris des mourans, les hennissemens des chevaux fatigués et effrayés, étaient horriblement répétés par tous les échos des bois et des montagnes, et venaient redoubler la terreur et le tumulte.

On arriva enfin à une dernière montagne où l'on vit avec douleur tant de travaux et tant d'efforts prêts à échouer. La sape et la mine avaient renversé tous les rochers qu'on avait pu aborder et entamer ; mais que pouvaient-elles contre une seule roche vive, escarpée de tous côtés, impénétrable au fer, presque inaccessible aux hommes ? Navarre, qui l'avait plusieurs fois sondée, commençait à désespérer du succès, lorsque des recherches plus heureuses lui découvrirent une veine plus tendre qu'il suivit avec la dernière précision ; le rocher fut entamé par le milieu, et l'armée, introduite au bout de huit jours dans le marquisat de Saluces, admira ce que peuvent l'industrie, l'audace et la persévérance.

GAILLARD, *Histoire de François Ier*.

XIII.

Mort de César.

Ainsi ce dieu puissant, dans sa marche féconde,
Tandis que de ses feux il ranime le monde,
Sur l'humble laboureur veille du haut des cieux,
Lui prédit les beaux jours, et les jours pluvieux.
Qui pourrait, ô soleil, t'accuser d'imposture ?
Tes immenses regards embrassent la nature :
C'est toi qui nous prédis ces tragiques fureurs
Qui couvent sourdement dans l'abîme des cœurs.
Quand César expira, plaignant notre misère,
D'un nuage sanglant tu voilas ta lumière ;
Tu refusas le jour à ce siècle pervers ;
Une éternelle nuit menaça l'univers.
Que dis-je ? tout sentait notre douleur profonde,

Tout annonçait nos maux ; le ciel, la terre et l'onde,
Les hurlemens des chiens et le cri des oiseaux.
Combien de fois l'Etna, brisant ses arsenaux,
Parmi des rocs ardens, des flammes ondoyantes,
Vomit en bouillonnant ses entrailles brûlantes !
Des bataillons armés dans les airs se heurtaient ;
Sous leurs glaçons tremblans les Alpes s'agitaient ;
On vit errer, la nuit, des spectres lamentables;
Des bois muets sortaient des voix épouvantables ;
L'airain même parut sensible à nos malheurs ;
Sur le marbre amolli l'on vit couler des pleurs :
La terre s'entr'ouvrit, les fleuves reculèrent,
Et, pour comble d'effroi...., les animaux parlèrent.
Ce superbe Eridan, le souverain des eaux,
Traîne et roule à grand bruit forêts, bergers, troupeaux;
Le prêtre, environné de victimes mourantes,
Observe avec horreur leur fibres menaçantes;
L'onde changée en sang roule des flots impurs;
Des loups hurlant dans l'ombre épouvantent nos murs :
Même en un jour serein l'éclair luit, le ciel gronde,
Et la comète en feu vient effrayer le monde.

DELILLE, Géorgiques de Virgile.

XIV.

Le Repas.

. . . .

Sur un lièvre flanqué de six poulets étiques,
S'élevaient trois lapins, animaux domestiques,
Qui, dès leur tendre enfance élevés dans Paris,

Sentaient encor le chou dont ils furent nourris.
Autour de cet amas de viandes entassées,
Régnait un long cordon d'alouettes pressées,
Et, sur les bords du plat, six pigeons étalés,
Présentaient pour renfort leurs squelettes brûlés.
A coté de ce plat paraissaient deux salades,
L'une de pourpier jaune, et l'autre d'herbes fades,
Dont l'huile de fort loin saisissait l'odorat,
Et nageait dans des flots de vinaigre rosat.
Tous mes sots, à l'instant, changeant de contenance,
Ont loué du festin la superbe ordonnance;
Tandisque mon faquin, qui se voyait priser,
Avec un ris moqueur les priait d'excuser.
Surtout certain hableur, à la gueule affamée,
Qui vint à ce festin, conduit par la fumée,
Et qui s'est dit profès dans l'ordre des coteaux,
A fait en bien mangeant l'éloge des morceaux ;
Je riais de le voir avec sa mine étique,
Son rabat jadis blanc, et sa perruque antique,
En lapins de garenne ériger nos clapiers,
Et nos pigeons cauchois en superbes ramiers ;
Et, pour flatter notre hôte, observant son visage,
Composer sur ses yeux son geste et son langage;
Quand notre hôte charmé, m'avisant sur ce point :
Qu'avez-vous donc, dit-il, que vous ne mangez point ?
Je vous trouve, aujourd'hui, l'ame tout inquiète,
Et les morceaux entiers restent sur votre assiette.
Aimez-vous la muscade? on en a mis partout.
Ah ! monsieur, ces poulets sont d'un merveilleux goût.
Ces pigeons sont dodus, mangez sur ma parole.
J'aime à voir aux lapins cette chair blanche et molle.
Ma foi, tout est passable, il le faut confesser,

Et Mignot aujourd'hui s'est voulu surpasser.
Quand on parle de sauce, il faut qu'on y raffine ;
Pour moi, j'aime surtout que le poivre y domine :
J'en suis fourni, Dieu sait ! et j'ai tout Pelletier
Roulé dans mon office en cornets de papier.
A tous ces beaux discours, j'étais comme une pierre,
Ou comme la statue est au Festin de Pierre ;
Et, sans dire un seul mot, j'avalais au hasard,
Quelque aile de poulet dont j'arrachais le lard.

BOILEAU, satire III.

XV.

Homère et Ésope aux enfers.

HOMÈRE.

En vérité, toutes les fables que vous venez de me réci-
ter ne peuvent être assez admirées. Il faut que vous
ayez beaucoup d'art pour déguiser ainsi en petits contes
les instructions les plus importantes que la morale puisse
donner, et pour couvrir vos pensées sous des images
aussi justes et aussi familières que celles-là.

ÉSOPE.

Il m'est bien doux d'être loué sur cet art, par vous
qui l'avez si bien entendu.

HOMÈRE.

Moi ? je ne m'en suis jamais piqué.

ÉSOPE.

Quoi ! n'avez-vous pas prétendu cacher de grands mystères dans vos ouvrages ?

HOMÈRE.

Hélas ! point du tout

ÉSOPE.

Cependant tout les savants de mon temps le disaient;
il n'y avait rien dans l'Iliade, ni dans l'Odyssée, à quoi ils
ne donnassent des allégories les plus belles du monde. Ils
soutenaient que tous les secrets de la théologie, de la
physique, de la morale, et des mathématiques même,
étaient renfermés dans ce que vous aviez écrit. Véritablement il y avait quelque difficulté à les développer : où
l'un trouvait un sens moral, l'autre en trouvait un physique; mais, à cela près, ils convenaient que vous aviez
tout su, et tout dit à qui le comprenait bien.

HOMÈRE.

Sans mentir, je m'étais bien douté que de certaines
gens ne manqueraient point d'entendre finesse où je n'en
avais point entendu. Comme il n'est rien tel que de pro-
phétiser des choses éloignées en attendant l'événement,
il n'est rien tel aussi que de débiter des fables en attendant l'allégorie.

ÉSOPE.

Il fallait que vous fussiez bien hardi pour vous
reposer sur vos lecteurs du soin de mettre des allégories
dans vos poèmes. Où en eussiez-vous été, si on les eût pris
au pied de la lettre?

HOMÈRE.

Hé bien, ce n'eût pas été un grand malheur.

ÉSOPE.

Quoi! ces dieux qui s'estropient les uns les autres, ce
foudroyant Jupiter qui, dans une assemblée de divinités,
menace l'auguste Junon de la battre; ce Mars qui, étant
blessé par Diomède, crie, dites vous, comme neuf ou
dix mille hommes, et n'agit pas comme un seul (car
au lieu de mettre tous les Grecs en pièces, il s'amuse à

s'aller plaindre de sa blessure à Jupiter), tout cela eût
été bon sans allégorie?

HOMÈRE.

Pourquoi non? vous vous imaginez que l'esprit humain
ne cherche que le vrai ; détrompez-vous. L'esprit humain et le faux sympathisent extrêmement. Si vous
avez la vérité à dire, vous ferez fort bien de l'envelopper
dans des fables, elle en plaira beaucoup plus. Si vous
voulez dire des fables, elles pourront bien plaire sans contenir aucune vérité. Ainsi le vrai a besoin d'emprunter la
figure du faux pour être agréablement reçu dans l'esprit
humain ; mais le faux y entre bien sous sa propre figure.
car c'est le lieu de sa naissance et de sa demeure ordinaire, et le vrai y est étranger. Je vous dirai bien plus :
quand je me fusse tué à imaginer des fables allégoriques,
il eût bien pu arriver que la plupart des gens auraient pris la fable comme une chose qui n'eût point
trop été hors d'apparence, et auraient laissé là l'allégorie ; et en effet, vous devez savoir que mes dieux, tels
qu'ils sont, et tout mystère à part, n'ont point été
trouvés ridicules.

ÉSOPE.

Cela me fait trembler. Je crains furieusement que
l'on ne croie que les bêtes aient parlé comme elles font
dans mes apologues.

HOMÈRE.

Voilà une plaisanterie.

ÉSOPE.

Hé quoi! si l'on a bien cru que les dieux aient pu tenir
les discours que vous leur avez fait tenir, pourquoi ne
croira-t-on pas que les bêtes aient parlé de la manière
dont je les ai fait parler ?

HOMÈRE.

Ah ! ce n'est pas la même chose. Les hommes veulent bien que les dieux soient aussi fous qu'eux ; mais ils ne veulent pas que les bêtes soient aussi sages.

FONTENELLE, *Dialogue V des Morts anciens.*

XVI.

La Famine de Paris.

Une femme (grand Dieu ! faut-il à la mémoire,
Conserver le récit de cette horrible histoire),
Une femme avait vu, par ces cœurs inhumains,
Un reste d'aliment arraché de ses mains.
Des biens que lui ravit la fortune cruelle,
Un enfant lui restait, près de périr comme elle :
Furieuse, elle approche, avec un coutelas,
De ce fils innocent qui lui tendait les bras ;
Son enfance, sa voix, sa misère et ses charmes ,
A sa mère en fureur arrachent mille larmes ;
Elle tourne sur lui son visage effrayé,
Plein d'amour, de regret, de rage, de pitié ;
Trois fois le fer échappe à sa main défaillante.
La rage enfin l'emporte ; et d'une voix tremblante,
Détestant son hymen et sa fécondité :

« Cher et malheureux fils, que mes flancs ont porté,
« Dit-elle, c'est en vain que tu reçus la vie;
« Les tyrans ou la faim l'auraient bientôt ravie.
« Et pourquoi vivrais-tu? Pour aller dans Paris,
« Errant et malheureux , pleurer sur ses débris?
« Meurs avant de sentir mes maux et ta misère ;

4

« Rends-moi le jour, le sang que t'a donné ta mère
« Que mon sein malheureux te serve de tombeau,
« Et que Paris du moins voie un crime nouveau ! »
 . En achevant ces mots, furieuse, égarée,
Dans les flancs de son fils sa main désespérée
Enfonce, en frémissant, le parricide acier ;
Porte le corps sanglant auprès de son foyer,
Et d'un bras que poussait sa faim impitoyable,
Prépare avidement ce repas effroyable.

 Attirés par la faim, les farouches soldats
Dans ces coupables lieux reviennent sur leurs pas :
Leur transport est semblable à la cruelle joie
Des ours et des lions qui fondent sur leur proie :
A l'envi l'un de l'autre ils courent en fureur ;
Ils enfoncent la porte. O surprise ! ô terreur !
Près d'un corps tout sanglant à leurs yeux se présente
Une femme égarée, et de sang dégouttante.

« Oui, c'est mon propre fils ; oui, monstres' inhumains,
« C'est vous qui dans son sang avez trempé mes mains ;
« Que la mère et le fils vous servent de pâture :
« Craignez-vous plus que moi d'outrager la nature ?
« Quelle horreur, à mes yeux, semble vous glacer tous !
« Tigres, de tels festins sont préparés pour vous. »
Ce discours insensé, que sa rage prononce,
Est suivi d'un poignard qu'en son cœur elle enfonce.
De crainte, à ce spectacle, et d'horreur agités,
Ces monstres confondus courent épouvantés ;
Ils n'osent regarder cette maison funeste :
Ils pensent voir sur eux tomber le feu céleste ;
Et le peuple, effrayé de l'horreur de son sort,
Levait les mains au ciel, et demandait la mort.

Voltaire, Henriade.

XVII.

Le Chien coupable.

Mon frère, sais-tu la nouvelle ?
Mouflar, le bon Mouflar, de nos chiens le modèle,
Si redouté des loups, si soumis au berger,
    Mouflar vient, dit-on, de manger
Le petit agneau noir, puis la brebis sa mère,
Et puis sur le berger s'est jeté furieux.
    — Serait-il vrai ? — Très vrai, mon frère.
    — A qui donc se fier, grands Dieux !
C'est ainsi que parlaient deux moutons dans la plaine ;
    Et la nouvelle était certaine.
    Mouflar, sur le fait même pris,
    N'attendait plus que le supplice ;
Et le fermier voulait qu'une prompte justice
    Effrayât les chiens du pays :
    La procédure en un jour est finie.
Mille témoins pour un déposent l'attentat :
Récolés, confrontés, aucun d'eux ne varie ;
Mouflar est convaincu du triple assassinat ;
Mouflar recevra donc deux balles dans la tête
    Sur le lieu même du délit.
    A son supplice qui s'apprête
    Toute la ferme se rendit.
Les agneaux de Mouflar demandèrent la grace ;
Elle fut refusée. On leur fit prendre place :
    Les chiens se rangèrent près d'eux,
Tristes, humiliés, mornes, l'oreille basse ;
Plaignant, sans l'excuser, leur frère malheureux.

Tout le monde attendait dans un profond silence.
Mouflar paraît bientôt, conduit par deux pasteurs :
Il arrive ; et , levant au ciel ses yeux en pleurs ,
    Il harangue ainsi l'assistance :
O vous qu'en ce moment je n'ose et je ne puis
Nommer, comme autrefois, mes frères, mes amis,
    Témoins de mon heure dernière,
Voyez où peut conduire un coupable désir !
De la vertu quinze ans j'ai suivi la carrière ,
    Un faux pas m'en a fait sortir.
Apprenez mes forfaits. Au lever de l'aurore,
Seul auprès du grand bois, je gardais le troupeau ;
    Un loup vient, emporte un agneau,
    Et tout en fuyant le dévore.
Je cours, j'atteins le loup, qui, laissant son festin,
    Vient m'attaquer : je le terrasse ,
    Et je l'étrangle sur la place.
C'était bien jusque-là ; mais, pressé par la faim,
De l'agneau dévoré je regarde le reste :
J'hésite, je balance. . . . . A la fin, cependant,
    J'y porte une coupable dent :
Voilà de mes malheurs l'origine funeste.
    La brebis vint dans cet instant,
    Elle jette des cris de mère. . . .
La tête m'a tourné, j'ai craint que la brebis
Ne m'accusât d'avoir assassiné son fils ;
    Et, pour la forcer à se taire,
    Je l'égorge dans ma colère.
Le berger accourait armé de son bâton.
    N'espérant plus aucun pardon,
Je me jette sur lui ; mais bientôt on m'enchaîne,
    Et me voici prêt à subir

De mes crimes la juste peine.
Apprenez tous du moins, en me voyant mourir,
    Que la plus légère injustice
Aux forfaits les plus grands peut conduire d'abord;
    Et que, dans le chemin du vice,
    On est au fond du précipice,
    Dès qu'on met un pied sur le bord.

                                    FLORIAN.

XVIII.

Chacun son Métier.

Dans Florence jadis vivait un médecin,
Savant hâbleur, dit-on, et célèbre assassin.
Lui seul y fit long-temps la publique misère.
Là le fils orphelin lui redemande un père;
Ici le frère pleure un frère empoisonné.
L'un meurt vide de sang, l'autre plein de séné.
Le rhume à son aspect se change en pleurésie;
Et par lui la migraine est bientôt frénésie.
Il quitte enfin la ville, en tous lieux détesté.
De tous ses amis morts un seul ami resté,
Le mène en sa maison de superbe structure.
C'était un riche abbé, fou de l'architecture.
Le médecin d'abord semble né dans cet art :
Déjà de bâtimens parle comme Mansard.
D'un salon qu'on élève il condamne la face,
Au vestibule obscur il marque une autre place,
Approuve l'escalier tourné d'autre façon.
Son ami le conçoit, et mande son maçon.
Le maçon vient, écoute, approuve et se corrige.
Enfin, pour abréger un si plaisant prodige,

                                    4.

Notre assassin renonce à son art inhumain,
Et désormais la règle et l'équerre à la main,
Laissant de Gallien la science suspecte,
De méchant médecin devient bon architecte.
Son exemple est pour nous un précepte excellent.
Soyez plutôt maçon, si c'est votre talent ;
Ouvrier estimé dans un art nécessaire,
Qu'écrivain du commun, et poète vulgaire:
Il est dans tout autre art des degrés différens :
On peut avec honneur remplir les seconds rangs.
Mais dans l'art dangereux de rimer et d'écrire,
Il n'est point de degré du médiocre au pire.

BOILEAU, *Art poétique*, chant IV.

XIX.

Les Catacombes.

Un jour j'étais allé visiter la fontaine Égérie : la
nuit me surprit. Pour regagner la voie Appienne, je me
dirigeai vers le tombeau de Cécilia-Métella, chef-d'œuvre
de grandeur et d'élégance. En traversant des champs
abandonnés, j'aperçus plusieurs personnes qui se glis-
saient dans l'ombre, et qui tous, s'arrêtant au même
endroit, disparaissaient subitement. Poussé par la curiosité, je m'avance, et j'entre hardiment dans la caverne
où s'étaient plongés les mystérieux fantômes. Je vis s'a-
longer devant moi des galeries souterraines, qu'à peine
éclairaient de loin quelques lampes suspendues. Les murs
des corridors funèbres étaient bordés d'un triple rang de
cercueils, placés les uns au dessus des autres. La lumière

lugubre des lampes, rampant sur les parois des voûtes, et se mouvant avec lenteur le long des sépulcres, répandait une mobilité effrayante sur les objets éternellement immobiles.

En vain, prêtant une oreille attentive, je cherche à saisir quelques sons, pour me diriger à travers un abîme de silence ; je n'entends que le battement de mon cœur dans le repos absolu de ces lieux. Je voulus retourner en arrière, mais il n'était plus temps : je pris une fausse route, et, au lieu de sortir du dédale, je m'y enfonçai. De nouvelles avenues qui s'ouvrent et se croisent de toutes parts, augmentent à chaque instant mes perplexités. Plus je m'efforce de trouver un chemin, plus je m'égare ; tantôt je m'avance avec lenteur ; tantôt je passe avec vitesse. Alors, par un effet des échos qui répétaient le bruit de mes pas, je croyais entendre marcher précipitamment derrière moi.

Il y avait déjà long-temps que j'errais ainsi ; mes forces commençaient à s'épuiser : je m'assis à un carrefour solitaire de la cité des morts. Je regardais avec inquiétude la lumière des lampes presque consumée, qui menaçait de s'éteindre. Tout-à-coup une harmonie semblable au chœur lointain des esprits célestes sort du fond de ces demeures sépulcrales : ces divins accens expiraient et renaissaient tour-à-tour ; ils semblaient s'adoucir encore en s'égarant dans les routes tortueuses du souterrain. Je me lève, et je m'avance vers les lieux d'où s'échappent les magiques concerts ; je découvre une salle illuminée. Sur un tombeau paré de fleurs, Marcellin célébrait le mystère des chrétiens : de jeunes filles, couvertes de voiles blancs, chantaient au pied de l'autel ; une nombreuse assemblée assistait au sacrifice. Je reconnais les Catacombes !   CHATEAUBRIAND, Les Martyrs, liv. 5.

XX.

Songe de Clytemnestre.

Seigneur, n'irritez point son orgueil furieux ;
Si vous saviez les maux que m'annoncent les Dieux...
J'en frémis. Non, jamais le ciel impitoyable
N'a menacé nos jours d'un sort plus déplorable.
Deux fois mes sens frappés par un triste réveil,
Pour la troisième fois se livraient au sommeil,
Quand j'ai cru, par des cris terribles et funèbres,
Me sentir entraîner dans l'horreur des ténèbres.
Je suivais malgré moi de si lugubres cris,
Je ne sais quel remords agitait mes esprits;
Mille foudres grondaient dans un épais nuage
Qui semblait cependant céler à mon passage.
Sous mes pas chancelans un gouffre s'est ouvert,
L'affreux séjour des morts à mes yeux s'est offert.
A travers l'Achéron la malheureuse Electre
A grands pas où j'étais semblait guider un spectre.
Je fuyais, il me suit. Ah! seigneur, à ce nom
Mon sang se glace : hélas! c'était Agamemnon.
« Arrête, m'a-t-il dit d'une voix formidable,
« Voici de tes forfaits le terme redoutable!
« Arrête, épouse indigne, et frémis à ce sang
« Que le cruel Egisthe a tiré de mon flanc. »
Ce sang, qui ruisselait d'une large blessure,
Semblait, en s'écoulant, pousser un long murmure.
A l'instant j'ai cru voir aussi couler le mien ;
Mais, malheureuse ! à peine a-t-il touché le sien,
Que j'en ai vu renaître un monstre impitoyable,

Qui m'a lancé d'abord un regard effroyable.
Deux fois le Styx frappé par ses mugissemens,
A long-temps répondu par des gémissemens.
Vous êtes accouru ; mais le monstre en furie,
D'un seul coup, à mes pieds vous a jeté sans vie,
Et m'a ravi la mienne avec le même effort,
Sans me donner le temps de sentir votre mort.

CRÉBILLON, Electre, acte I, scène 7.

XXI.

Le Danseur de corde et le Balancier.

Sur la corde tendue un jeune voltigeur
Apprenait à danser ; et déjà son adresse,
    Ses tours de force, de souplesse,
    Faisaient venir maint spectateur.
Sur son étroit chemin on le voit qui s'avance,
Le balancier en main, l'air libre, le corps droit,
    Hardi, léger autant qu'adroit ;
Il s'élève, descend, va, vient, plus haut s'élance,
    Retombe, remonte en cadence,
    Et semblable à certains oiseaux
Qui rasent en volant la surface des eaux,
    Son pied touche, sans qu'on le voie,
A la corde qui plie et dans l'air le renvoie.
Notre jeune danseur, tout fier de son talent,
Dit un jour : A quoi bon ce balancier pesant
    Qui me fatigue et m'embarrasse ?
Si je dansais sans lui, j'aurais bien plus de grace,
    De force et de légèreté.
Aussitôt fait que dit. Le balancier jeté,

Notre étourdi chancelle, étend les bras, et tombe.
Il se cassa le nez et tout le monde en rit.
Jeunes gens, jeunes gens, ne vous a-t-on pas dit
Que sans règle et sans frein tôt ou tard on succombe ?
La vertu, la raison, les lois, l'autorité,
Dans vos désirs fougueux vous causent quelque peine ;
    C'est le balancier qui vous gêne,
    Mais qui fait votre sûreté.

FLORIAN.

XXII.

Le cinq Mai 1821.

Des Espagnols m'ont pris sur leur navire,
Aux bords lointains où tristement j'errais.
Humble débris d'un héroïque empire,
J'avais dans l'Inde exilé mes regrets.
Mais loin du cap, après cinq ans d'absence,
Sous le soleil, je vogue plus joyeux.
Pauvre soldat, je reverrai la France :
La main d'un fils me fermera les yeux.

Dieux ! le pilote a crié : Sainte-Hélène !
Et voilà donc où languit le héros !
Bons Espagnols, là s'éteint votre haine ;
Nous maudissons ses fers et ses bourreaux.
Je ne puis rien, rien pour sa délivrance ;
Le temps n'est plus des trépas glorieux !
Pauvre soldat, je reverrai la France :
La main d'un fils me fermera les yeux.

Peut-être il dort ce boulet invincible

Qui fracassa vingt trônes à la fois;
Ne peut-il pas, se relevant terrible,
Aller mourir sur la tête des rois ?
Ah! ce rocher repousse l'espérance :
L'aigle n'est plus dans le secret des dieux.
Pauvre soldat, je reverrai la France :
La main d'un fils me fermera les yeux.

Il fatiguait la victoire à le suivre ;
Elle était lasse; il ne l'attendit pas.
Trahi deux fois, ce grand homme a su vivre.
Mais quels serpens enveloppent ses pas!
De tout laurier un poison est l'essence ;
La mort couronne un front victorieux.
Pauvre soldat, je reverrai la France :
La main d'un fils me fermera les yeux.

Dès qu'on signale une nef vagabonde,
« Serait-ce lui! disent les potentats :
« Vient-il encor redemander le monde ?
« Armons soudain deux millions de soldats. »
Et lui, peut-être, accablé de souffrance,
A la patrie adresse ses adieux.
Pauvre soldat, je reverrai la France :
La main d'un fils me fermera les yeux.

Grand de génie et grand de caractère,
Pourquoi du sceptre arma-t-il son orgueil ?
Bien au dessus des trônes de la terre,
Il apparaît brillant sur cet écueil.
Sa gloire est là, comme le phare immense
D'un nouveau monde et d'un monde trop vieux.

Pauvre soldat, je reverrai la France :
La main d'un fils me fermera les yeux.

Bons Espagnols, que voit-on au rivage?
Un drapeau noir! ah! grands dieux! je frémis!
Quoi! lui, mourir! ô gloire, quel veuvage!
Autour de moi pleurent ses ennemis.
Loin de ce roc nous fuyons en silence ;
L'astre du jour abandonne les cieux.
Pauvre soldat, je reverrai la France :
La main d'un fils me fermera les yeux.

BÉRANGER.

XXIII.

Portrait de Pygmalion.

.... O Télémaque, craignez de tomber
entre les mains de Pygmalion notre roi; il les a trempées,
ses mains cruelles, dans le sang de Sichée, mari de Didon, sa sœur. Didon, pleine du désir de la vengeance, s'est
sauvée de Tyr avec plusieurs vaisseaux. La plupart de
ceux qui aiment la vertu et la liberté l'ont suivie : elle
a fondé, sur la côte d'Afrique, une superbe ville qu'on
nomme Carthage. Pygmalion, tourmenté par une soif in-
satiable des richesses, se rend de plus en plus misérable
et odieux à ses sujets. C'est un crime à Tyr que d'avoir
de grands biens : l'avarice le rend défiant, soupçonneux,
cruel; il persécute les riches, et il craint les pauvres.

C'est un crime encore plus grand à Tyr d'avoir de
la vertu; car Pygmalion suppose que les bons ne peuvent souffrir ses injustices et ses infamies; la vertu, le

condamne, il s'aigrit et s'irrite contre elle. Tout l'agite, l'inquiète, le ronge; il a peur de son ombre; il ne dort, ni nuit ni jour; les Dieux, pour le confondre, l'accablent de trésors dont il n'ose jouir. Ce qu'il cherche pour être heureux, est précisément ce qui l'empêche de l'être. Il regrette tout ce qu'il donne, et craint toujours de perdre; il se tourmente pour gagner.

On ne le voit presque jamais; il est seul, triste, abattu au fond de son palais : ses amis mêmes n'osent l'aborder, de peur de lui devenir suspects. Une garde terrible tient toujours des épées nues et des piques levées autour de sa maison. Trente chambres qui communiquent les unes aux autres, et dont chacune a une porte de fer avec six gros verroux, sont le lieu où il se renferme : on ne sait jamais dans laquelle de ces chambres il couche, et on assure qu'il ne couche jamais deux nuits de suite dans la même, de peur d'y être égorgé. Il ne connaît, ni les doux plaisirs, ni l'amitié encore plus douce; si on lui parle de chercher la joie, il sent qu'elle fuit loin de lui, et qu'elle refuse d'entrer dans son cœur. Ses yeux creux sont pleins d'un feu âpre et farouche; ils sont sans cesse errant de tous côtés; il prête l'oreille au moindre bruit, et se sent tout ému; il est pâle et défait, et les noirs soucis sont peints sur son visage toujours ridé. Il se tait, il soupire, il tire de son cœur de profonds gémissemens, il ne peut cacher les remords qui déchirent ses entrailles. Les mets les plus exquis le dégoûtent. Ses enfans, loin d'être son espérance, sont les sujets de sa terreur : il en a fait ses plus dangereux ennemis. Il n'a eu toute sa vie aucun moment d'assuré; il ne se conserve qu'à force de répandre le sang de tous ceux qu'il craint. Insensé, qui ne voit pas que la crainte à laquelle il se confie, le fera périr!

5

Quelqu'un de ses domestiques, aussi défiant que lui, se
hâtera de délivrer le monde de ce monstre.

FÉNELON, *Aventures de Télémaque.*

XXIV.

La Métromanie.

DAMIS.

Je ne me connais plus aux transports qui m'agitent.
En tous lieux sans dessein mes pas se précipitent :
Le noir pressentiment, le repentir, l'effroi,
Les présages fâcheux volent autour de moi :
Je ne suis plus le même enfin depuis deux heures.
Ma pièce auparavant me semblait des meilleures ;
Maintenant je n'y vois que d'horribles défauts ;
Du faible, du clinquant, de l'obscur et du faux.
De là, plus d'une image annonçant l'infamie ;
La critique éveillée, une loge endormie ;
Le reste de fatigue et d'ennui harassé,
Le souffleur étourdi, l'acteur embarrassé,
Le théâtre distrait, le parterre en balance,
Tantôt bruyant, tantôt dans un profond silence.....
Mille autres visions, qui, toutes, dans mon cœur,
Font naître également le trouble et la terreur !...

(Regardant à sa montre.)

Voici l'heure fatale où l'arrêt se prononce.
Je sèche, je me meurs..... Quel métier !... J'y renonce.
Quelque flatteur que soit l'honneur que je poursuis,
Est-ce un équivalent à l'angoisse où je suis ?

Il n'est force, courage, ardeur qui n'y succombe ;
Car enfin c'en est fait..... je péris si je tombe.
Où me cacher ? où fuir ? et par où désarmer
L'honnête oncle qui vient pour me faire enfermer ?
Quelle égide opposer aux traits de la satire ?
Comment paraître aux yeux de celle à qui j'aspire ?
De quel front, à quel titre oserais-je m'offrir ?
Moi, misérable auteur qu'on viendrait de flétrir !
    (Il se promène à grands pas.)
Mais mon incertitude est mon plus grand supplice,
Je supporterai tout pourvu qu'elle finisse.
Chaque instant qui s'écoule, empoisonnant son cours,
Abrége au moins d'un an le nombre de mes jours.

    PIRON, *La Métromanie*, acte V, scène 1re.

XXV.

L'Ours et le Singe.

Dans une foire, pesamment,
  A droite, à gauche, se mouvant,
  Un ours dansait,..... et quelle danse !
A grands éclats riait la nombreuse assistance :
On m'admire ! dit-il. Fagotin, à son tour,
  Acteur dans la pièce du jour,
Sur une corde souple adroitement s'élance,
    Y saute, s'y balance,
Suit tous les mouvemens qu'indique le tambour.
  D'un cercle ensuite il offre l'apparence,
  Puis s'alongeant, contrefait le pendu.
Notre ours veut l'imiter malgré sa corpulence ;
    A cette corde, ô téméraire !

Il s'accroche, la brise et retombe étendu.
Nous devons nous borner à notre savoir-faire.

GUICHARD.

XXVI.

Portrait du Vieillard Termosiris.

J'aperçus tout-à-coup un vieillard qui tenait un livre
à la main. Ce vieillard avait un grand front chauve et
un peu ridé ; une barbe blanche pendait jusqu'à sa ceinture ;
sa taille était haute et majestueuse ; son teint était encore
frais et vermeil, ses yeux vifs et perçans, sa voix douce, ses
paroles simples et aimables. Jamais je n'ai vu un si vénérable vieillard : il s'appelait Termosiris ; il était prêtre
d'Apollon, qu'il servait dans un temple de marbre que
les rois d'Égypte avaient consacré au Dieu dans cette forêt. Le livre qu'il tenait était un recueil d'hymnes en
l'honneur des dieux. Il m'aborde avec amitié, nous nous
entretenons : il racontait si bien les choses passées, qu'on
croyait les voir ; mais il les racontait courtement, et jamais ses histoires ne m'ont lassé : il prévoyait l'avenir
par la profonde sagesse qui lui faisait connaître les hommes, et les desseins dont ils sont capables. Avec tant de
prudence, il était gai, complaisant, et la jeunesse la plus
enjouée n'a point autant de grace qu'en avait cet homme
dans une vieillesse si avancée : aussi aimait-il les jeunes
gens, lorsqu'ils étaient dociles, et qu'ils avaient le goût
de la vertu.

FÉNELON, *Aventures de Télémaque.*

XXVII.

Les Voleurs et l'Âne.

Pour un âne enlevé deux voleurs se battaient :
L'un voulait le garder, l'autre le voulait vendre.
    Tandis que coups de poing trottaient,
Et que nos champions songeaient à se défendre,
      Arrive un troisième larron,
      Qui saisit maître Aliboron.

L'âne, c'est quelquefois une pauvre province :
    Les voleurs, sont tel et tel prince,
Comme le Transilvain, le Turc et le Hongrois.
    Au lieu de deux j'en ai rencontré trois :
    Il est assez de cette marchandise.
De nul d'eux n'est souvent la province conquise.
Un quart voleur survient qui les accorde net
    En se saisissant du baudet.
LA FONTAINE.

XXVIII.

Sur la cinquième partie du Monde,

OÙ LES TERRES OCÉANIQUES EN GÉNÉRAL.

Si l'on joint les deux hémisphères par la pensée, de
manière à reproduire l'arrondissement du globe, on verra,
entre le nouveau monde à droite et l'ancien à gauche, un immense océan égal en surface au reste du globe. Vers son milieu et des deux côtés de la ligne, surnagent d'innombrables
îles, dont l'ensemble a mérité des géographes modernes le
5.

titre de cinquième partie du monde. Les uns veulent que
ce soient les débris d'un monde englouti ; d'autres, au contraire, un monde naissant qui s'élève du sein des eaux.
Les diverses opinions présentent bien des doutes, et l'on
sera probablement encore long-temps avant de pouvoir
expliquer, d'une manière satisfaisante, les curieux phéno-
mènes qu'offrent ces groupes d'îles répandus à de grandes
distances dans l'Océan, et dans lesquelles on trouve des
peuplades misérables d'hommes errans qui paraissent sortir d'une origine commune.

L'océan Pacifique baigne les bords de ces îles fortunées ;
un léger zéphyr y tempère sans cesse les ardeurs brûlantes du soleil des tropiques. La végétation la plus riche
les couvre de fleurs, de feuilles et de fruits. A chaque
pas une verdure éternelle, des sources jaillissantes, des
ombrages délicieux y multiplient les sites enchanteurs.
Là, sous des nuances cuivrées, une belle population y
déploie gaîment des formes et des traits qui ne le cè-
dent en rien à ceux de notre continent. Au milieu d'elle
croît partout et sans culture, l'igname, le coco, la banane,
l'arbre-à-pain et mille autres fruits nourrissans. La nature
en fait tous les frais, et l'heureux habitant, nourri sans
travail, n'est pas réduit à chercher à la sueur de son front le
soutien d'une pénible existence. Que lui manque-t-il donc
pour être encore à son âge d'or ? Hélas ! il a ses fureurs,
ses guerres, ses maladies ; car où pénètre l'homme, qu'il
n'y soit accompagné de ses passions et de ses maux !

A mesure que de groupe en groupe on approche de
l'Asie, il semble que le voisinage de l'ancien monde dé-
truise et gâte un si beau tableau. Les îles qui la bordent
sont couvertes de volcans sans cesse en fureur. Des oura-
gans affreux régnent aux Philippines ; le poison le plus

terrible croît à Célèbes; un air infect désole Java. La misère la plus affreuse assiége les Zélandais, et des écueils sans nombre embarrassent les parages de la Nouvelle-Hollande. Dans ce dernier pays la nature semble avoir pris plaisir à rassembler les animaux les plus bizarres : c'est le kangarou aux pates inégales, le chien au bec de canard, le poisson aux nageoires élastiques sautant sur la terre, etc. Avec cette île immense, les Hébrides et la Guinée, finit la belle race malaise et commence la race nègre. Par quelle bizarrerie celle de Malacca n'est-elle pas parvenue dans des lieux si voisins ? Par quel phénomène s'y trouve celle d'Afrique, en dépit de l'éloignement et des vents toujours contraires? Peut-être un jour de nouveaux voyages et de nouvelles observations nous en apprendront davantage.

LESAGE.

XXIX.

Épigramme.

Est-on héros pour avoir mis aux chaînes
 Un peuple ou deux? Tibère eut cet honneur.
Est-on héros en signalant ses haines
 Par la vengeance? Octave eut ce bonheur.
 Est-on héros en régnant par la peur ?
 Séjan fit tout trembler, jusqu'à son maître.
 Mais de son ire éteindre le salpêtre,
 Savoir se vaincre et réprimer les flots
 De son orgueil, c'est ce que j'appelle être
 Grand par soi-même; et voilà mon héros.

J.-B. ROUSSEAU.

XXX.

Le Singe et le Léopard.

Le singe avec le Léopard
    Gagnaient de l'argent à la foire :
    Ils affichaient chacun à part.
L'un d'eux disait : messieurs, mon mérite et ma gloire
Sont connus en bon lieu ; le roi m'a voulu voir ;
    Et si je meurs, il veut avoir
Une manchon de ma peau, tant elle est bigarrée,
    Pleine de taches, marquetée,
    Et vergetée, et mouchetée.
La bigarrure plaît : partant chacun le vit.
Mais ce fut bientôt fait, bientôt chacun sortit.
Le singe de sa part disait : Venez, de grace,
Venez, messieurs : je fais cent tours de passe-passe.
Cette diversité, dont on vous parle tant,
Mon voisin Léopard l'a sur soi seulement.
Moi je l'ai dans l'esprit. Votre serviteur Gille,
    Cousin et gendre de Bertrand,
    Singe du pape en son vivant,
    Tout fraîchement en cette ville
Arrive en trois bateaux, exprès pour vous parler :
Car il parle, on l'entend ; il sait danser, baller,
    Faire des tours de toutes sortes,
Passer en des cerceaux ; et le tout pour six blancs :
Non, messieurs, pour un sou : si vous n'êtes contens,
Nous rendrons à chacun son argent à la porte.
Le singe avait raison : ce n'est pas sur l'habit
Que la diversité me plaît, c'est dans l'esprit ;

L'une fournit toujours des choses agréables;
L'autre, en moins d'un moment, lasse les regardans.
Oh ! que de grands seigneurs, au léopard semblables,
    N'ont que l'habit pour tous talens !
                LA FONTAINE.

XXXI.

Le Champ d'Asile.

Un chef des bannis courageux
Implorant un lointain asile,
A des sauvages ombrageux
Disait : « L'Europe nous exile.
« Heureux enfans de ces forêts,
« De nos maux apprenez l'histoire.
« Sauvages ! nous sommes Français;
« Prenez pitié de notre gloire.

« Elle épouvante encore les rois,
« Et nous bannit des humbles chaumes
« D'où sortis pour venger nos droits,
« Nous avons dompté vingt royaumes.
« Nous courions conquérir la paix,
« Qui fuyait devant la victoire.
« Sauvages! nous sommes Français ;
« Prenez pitié de notre gloire.

« Dans l'Inde, Albion a tremblé,
« Quand de nos soldats intrépides
« Les chants d'allégresse ont troublé
« Les vieux échos des pyramides.

« Les siècles pour tant de hauts faits
« N'auront point assez de mémoire.
« Sauvages! nous sommes Français ;
« Prenez pitié de notre gloire.

« Un homme enfin sort de nos rangs,
« Il dit : « Je suis le Dieu du monde.
« L'on voit soudain les rois errans
« Conjurer sa foudre qui gronde.
« De loin saluant son palais,
« A ce Dieu seul ils semblaient croire.
« Sauvages ! nous sommes Français ;
« Prenez pitié de notre gloire.

« Mais il tombe ; et nous, vieux soldats,
« Qui suivions un compagnon d'armes,
« Nous voguons jusqu'en vos climats,
« Pleurant la patrie et ses charmes.
« Qu'elle se relève à jamais
« Du grand naufrage de la Loire !
« Sauvages ! nous sommes Français ;
« Prenez pitié de notre gloire. »

Il se tait. Un sauvage alors
Répond : « Dieu calme les orages.
« Guerriers, partagez nos trésors,
« Ces champs, ces fleuves, ces ombrages.
« Gravons sur l'arbre de la paix
« Ces mots d'un fils de la victoire:
« Sauvages ! nous sommes Français ;
« Prenez pitié de notre gloire. »

BÉRANGER.

XXXII.

De la différence

DANS LA NOURRITURE ET DANS LES COUTUMES , SUIVANT LA DIFFÉRENCE DES CLIMATS.

Considérez que la même quantité d'hommes consomme beaucoup moins dans les pays chauds. Le climat demande qu'on y soit sobre pour se porter bien : les Européens, qui veulent y vivre comme chez eux, périssent tous de dyssenterie et d'indigestion. « Nous sommes, dit Chardin, des bêtes carnassières, des loups, en comparaison des Asiatiques. Quelques uns attribuent la sobriété des Persans à ce que leur pays est moins cultivé ; et moi je crois, au contraire, que leur pays abonde moins en denrées, parce qu'il en faut moins aux habitans. Si leur frugalité, continue-t-il, était un effet de la disette du pays, il n'y aurait que les pauvres qui mangeraient peu, au lieu que c'est généralement tout le monde ; et on mangerait plus ou moins en chaque province selon la fertilité du pays, au lieu que la même sobriété se trouve par tout le royaume. Ils se louent fort de leur manière de vivre, disant qu'il ne faut que regarder leur teint pour reconnaître combien elle est plus excellente que celle des chrétiens. En effet, le teint des Persans est uni ; et ils ont la peau belle, fine et polie, au lieu que le teint des Arméniens, leurs sujets, qui vivent à l'européenne, est rude, couperosé, et que leurs corps sont gros et pesans.

Plus on approche de la ligne, plus les peuples viven
de peu. Ils ne mangent presque pas de viande; le riz, l
maïs, le cuzcuz, le mil, la cassave sont leurs alimen
ordinaires. Il y a aux Indes des millions d'hommes don
la nourriture ne coûte pas un sou par jour. Nous voyon
en Europe même des différences sensibles pour l'ap
pétit entre les peuples du nord et ceux du midi. Un Espa
gnol vivra huit jours du dîner d'un Allemand. Dans le
pays où les hommes sont plus voraces, le luxe se tourne
aussi vers les choses de consommation. En Angleterre,
il se montre sur une table chargée de viandes; en Italie,
on vous régale de sucre et de fleurs.

Le luxe des vêtemens offre encore de semblables différences. Dans les climats où les changemens des saisons sont
prompts et violens, on a des habits meilleurs et plus
simples; dans ceux où l'on ne s'habille que pour la parure,
on y cherche plus d'éclat que d'utilité : les habits eux-
mêmes y sont un luxe. A Naples, vous verrez tous les
jours se promener au Pausylippe des hommes en veste
dorée, et point de bas. C'est la même chose pour les bâtimens : on donne tout à la magnificence, quand on n'a
rien à craindre des injures de l'air. A Paris, à Londres,
on veut être logé chaudement et commodément : à Ma-
drid, on a des salons superbes, mais point de fenê-
tres qui ferment, et l'on couche dans des nids à
rats.

Les alimens sont beaucoup plus substantiels et succu-
lens dans les pays chauds; c'est une troisième différence
qui ne peut manquer d'influer sur la seconde. Pourquoi mange-t-on tant de légumes en Italie? Parce qu'ils
y sont bons, nourrissans, d'excellent goût. En France,
où ils ne sont nourris que d'eau, ils ne nourrissent

point, et sont presque comptés pour rien sur les tables. Ils n'occupent pourtant pas moins de terrein, et coûtent du moins autant de peine à cultiver. C'est une expérience faite, que les blés de Barbarie, d'ailleurs inférieurs à ceux de France, rendent beaucoup plus en farine, et que ceux de France, à leur tour, rendent plus que les blés du nord. D'où l'on peut inférer qu'une gradation semblable s'observe généralement dans la même direction de la ligne au pôle. Or, n'est-ce pas un désavantage visible d'avoir dans un produit égal une moindre quantité d'alimens.

J.-J. ROUSSEAU, Contrat social.

XXXIII.

Le Palais des Destins.

Le temps, d'une aile prompte et d'une aile insensible,
Fuit et revient sans cesse à ce palais terrible ;
Et de là sur la terre il verse à pleines mains
Et les biens et les maux destinés aux humains.
Sur un autel de fer un livre inexplicable
Contient de l'avenir l'histoire irrévocable.
La main de l'Éternel y marqua nos désirs,
Et nos chagrins cruels, et nos faibles plaisirs.
On voit la Liberté, cette esclave si fière,
Par d'invisibles nœuds en ces lieux prisonnière ;
Sous un joug inconnu, que rien ne peut briser,
Dieu sait l'assujétir sans la tyranniser ;
A ses suprêmes lois d'autant mieux attachée,

Que sa chaîne à ses yeux pour jamais est cachée ;
Qu'en obéissant même elle agit par son choix,
Et souvent au destin pense donner des lois.

VOLTAIRE, Henriade, chant VII.

XXXIV.

Danville et Hortense.

HORTENSE.

Vous irez au bal ?

DANVILLE.

Non.

HORTENSE.

Vous irez, j'en suis sûre.

DANVILLE.

Je vous promets que non.

HORTENSE.

Si fait.

DANVILLE.

Non, je vous jure.

HORTENSE.

Et pourquoi, sans raison, vous priver d'y venir?

DANVILLE.

C'est que ce plaisir-là ne peut me convenir.

HORTENSE.

Mais quel est le motif de cette répugnance?

DANVILLE.

Pouvez-vous m'accorder un moment d'audience ?

HORTENSE.

Moi !

DANVILLE.

Depuis mon retour des soins plus importans,
Des amis plus heureux s'arrachaient vos instans ;
Et las de renfermer ce que je veux vous dire,
J'ai cru dans mon esprit qu'il faudrait vous l'écrire ;
Mais, puisqu'il m'est permis d'en décharger mon cœur,
Je vous le dis tout net, ce petit air moqueur
Pour mon ami Bonnard m'offense et me chagrine.
Le besoin de briller à tel point vous domine,
Qu'avec un jeune fou je vous vois de moitié
Contre ce digne objet d'une ancienne amitié.
Vous riez du bonhomme ; eh oui ! c'est un bonhomme,
Un bonhomme que j'aime ; et plus d'un qu'on renomme,
Dont l'honneur fait grand bruit, dont l'esprit est vanté,
N'a ni son noble cœur, ni sa franche gaîté.
On l'attaque lui seul, et tous deux on nous blesse ;
Et chaque trait piquant lancé sur sa vieillesse
Ne peut devant un tiers l'immoler aujourd'hui,
Sans retomber sur moi, qui suis vieux comme lui.

HORTENSE.

Mais le duc vous l'a dit, ce n'est qu'un badinage,
Et le duc, à mon sens, raisonnait comme un sage.

DANVILLE.

Votre duc ! il me choque au suprême degré.
Je connais peu de gens qui ne soient à mon gré ;
Mais lui, de me déplaire il a le privilége.
Me croit-il, ce monsieur, dupe de son manége ?
Ce zèle officieux qu'il fait sonner si fort,

Cet air de vous blâmer, pour mieux me donner tort,
Tout ce jeu me déplaît. Pour des raisons sans nombre,
Il n'est pas bon qu'un duc soit là comme votre ombre.
La réputation d'une femme de bien
Dans la communauté ne compte pas pour rien ;
Et, s'il n'est défendu contre tous, à toute heure,
Ce fruit de tant de soins en un instant s'effleure.
Il ne faut qu'un jeune homme un peu trop assidu,
Que le discours d'un sot par un autre entendu :
Le mal est déjà fait : le mensonge circule ;
La femme est méprisée, et l'époux ridicule ;
Et trente ans de vertu, loin du monde et du bruit,
Ne sauraient réparer ce qu'un jour a détruit.

HORTENSE.

Pour quel écrit moral faites-vous ce chapitre ?
Mais dans un autre temps vous m'en direz le titre.
Irez-vous à ce bal où l'on veut vous avoir ?

DANVILLE.

Non : je vais chez les gens que je peux recevoir.

HORTENSE.

Mais le duc vient chez vous.

DANVILLE.

                    C'est trop de complaisance,
Qu'il daigne à l'avenir m'épargner sa présence.
Il me fait un honneur dont je suis peu flatté.
Rien de mieux, j'en conviens, qu'un beau nom bien porté ;
A sa juste valeur j'estime la noblesse.
Qu'on reçoive chez soi marquis, duc et duchesse,
C'est bien, si l'on est duc, et je ne le suis pas.
Ma maison me convient ; mais, si je risque un pas
Dans ce cercle titré dont l'éclat vous transporte,
A cent devoirs fâcheux je cours ouvrir ma porte.

Mon appétit s'en va, lorsque je vois siéger
Tout l'ennui des grands airs dans ma salle à manger.
Ma langue est paresseuse à rompre le silence,
S'il faut, au lieu de vous, dire votre excellence,
Ou, Mécène du jour, flatter les favoris
De l'Apollon bâtard qu'on adore à Paris.
Je ne sais pas encor de quel air on écoute
Vos auteurs nébuleux auxquels je n'entends goutte,
Et tout leur bel esprit ne fait que m'étourdir,
Moi, qui cherche à comprendre avant que d'applaudir.
De traiter ces messieurs j'aurais eu la manie,
Si j'étais assez sot pour me croire un génie ;
Mais, grace à du bon sens, je sais ce que je vaux.
Jouissez sans fracas du fruit de mes travaux,
Avec de bonnes gens, des gens qu'on puisse entendre,
Qui de leur nom pour nous n'aient pas l'air de descendre,
Qui ne m'observent pas pour me prendre en défaut,
Si je parle sans gène ou si je ris trop haut,
Et ne croient pas me faire une grace infinie
En me trouvant chez moi de bonne compagnie.
Voilà mes gens ; voilà les amis que je veux,
Sûrs qu'ils seront pour moi ce que je suis pour eux.

HORTENSE.

Revenons à ce bal, et jugez mieux la chose :
Ce n'est pas un plaisir qu'ici je vous propose ;
Mais c'est une démarche, et voyez le grand mal
De passer pour affaire une heure ou deux au bal.
Il faut faire sa cour : voilà comme on prospère ;
Mais vous, de vous placer vraiment je désespère

DANVILLE.

Eh ! ne me placez pas, madame, laissez-moi,
Heureux avec la foule, y vieillir sans emploi.

6.

J'y suis libre; il vaut mieux, receveur des plus minces,
Toucher ses revenus que ceux de dix provinces;
Et je ne veux pas, moi, pour me hausser d'un cran,
Vendre ma liberté cent mille écus par an.

HORTENSE.

Eh bien, comme au spectacle allez à cette fête;
Pour moi, là, voulez-vous? Venez, j'en perds la tête :
Que d'objets, que de gens inconnus jusqu'alors !
Tous les ambassadeurs, des maréchaux, des lords,
Des artistes, la fleur de la littérature;
Des femmes! quel éclat, quel goût dans leur parure !
Dieu! les beaux diamans!... Et c'est ce soir, j'irai,
Oui, j'irai, nous irons, monsieur..... ou j'en mourrai.

DANVILLE.

Non, vous n'en mourrez pas, et vous verrez, ma chère,
Qu'on peut avec Bonnard, bien qu'il ne danse guère,
Passer le soir gaîment, sans façon, sans apprêts,
Souper même au besoin, et vivre encore après.

HORTENSE.

Voulez-vous sans pitié chagriner votre Hortense?
Me tiendrez-vous rigueur?... Eh! quelle est mon offense?
Moi, qui n'ai fait qu'un vœu, celui de vous revoir,
Faut-il en arrivant me mettre au désespoir?
Avec monsieur Bonnard ai-je été trop méchante?
Jamais je ne veux l'être; il me plaît, il m'enchante;
Je l'aime, il m'aimera, je lui ferai ma cour;
Mais pas ce soir, oh non! plus tard, un autre jour,
Demain.... C'est arrangé, vous acceptez l'échange.
Danville, mon ami, mon cher époux, mon ange,
Soyez bon, grace, allons, cédez...

DANVILLE, *avec effort.*

Non, je ne puis.

HORTENSE, *en pleurant.*

Que je suis malheureuse ! ô ciel ! que je le suis !

DANVILLE, *attendri.*

Elle pleure, ah ! mon Dieu !

HORTENSE, *hors d'elle-même.*

C'est un acte arbitraire ;
C'est une tyrannie, et je dois m'y soustraire :
Je me révolte enfin ; vous croyez sans raison
Dans votre hôtel désert me garder en prison ;
Non : avec votre ami vous serez seul à table.
Non, non : je le déteste, il m'est insupportable ;
Mais entre deux époux le pouvoir est égal.
Restez, monsieur, ma mère est invitée au bal ;
Une fille est au mieux sous l'aile de sa mère,
Et j'irai malgré vous au bal du ministère,
Et j'irai de bonne heure, et j'en reviendrai tard,
Et je ne verrai pas votre monsieur Bonnard,
Et vous ne pourrez pas m'enterrer toute vive
Dans l'ennuyeux souper d'un si triste convive.

DANVILLE, *en fureur.*

Vous irez, dites-vous, malgré moi vous irez ?
Je vous le défends.

HORTENSE.

Bon !

DANVILLE.

Nous verrons.

HORTENSE.

Vous verrez.

DANVILLE.

Madame, pensez-y : l'ordre est irrévocable ;
De supplications il se peut qu'on m'accable.....

HORTENSE.

Non, monsieur.

DANVILLE.

Mais, dût-on m'implorer à genoux,
Ni prières, ni pleurs n'obtiendront rien pour vous.

HORTENSE.

Oh ! le méchant mari !

DANVILLE.

Fi ! l'affreux caractère !
Dans mon appartement courons fuir sa colère.

HORTENSE.

Allez : loin d'un tyran qui me veux opprimer,
Dans le mien, comme vous, je cours me renfermer.
Adieu, monsieur !

DANVILLE.

Adieu ! respectez ma défense.

(Après une pause.)

L'agréable entrevue après deux mois d'absence !

CASIMIR DELAVIGNE,
l'École des Vieillards, acte II scène 7.

XXXV.

Réflexions

SUR L'HARMONIE DE L'UNIVERS.

Je ne puis ouvrir les yeux sans admirer l'art qui
éclate dans toute la nature : le moindre coup d'œil suffit
pour apercevoir la main qui fait tout..... Qu'est-ce qui a
donné à toute la nature des lois tout ensemble si constantes

et si salutaires; des lois si simples, qu'on est tenté de croire qu'elles s'établissent d'elles-mêmes, et si fécondes en effets utiles, qu'on ne peut s'empêcher d'y reconnaître un être merveilleux? D'où nous vient la conduite de cette machine universelle qui travaille sans cesse pour nous, sans que nous y pensions? A qui attribuerons-nous l'assemblage de tant de ressorts si profonds et si bien concertés, et de tant de corps, grands et petits, visibles et invisibles, qui conspirent également pour nous servir? Le moindre atôme de cette machine qui viendrait à se déranger démonterait toute la nature. Les ressorts d'une montre ne sont point liés avec tant d'industrie et de justesse. Quel est donc ce dessein si étendu, si suivi, si beau, si bienfaisant? La nécessité de ces lois, loin de m'empêcher d'en chercher l'auteur, ne fait qu'augmenter ma curiosité et mon admiration. Il fallait qu'une main également industrieuse et puissante mît dans son ouvrage un ordre également simple et fécond, constant et utile.......... Plus on contemple sans prévention toute la nature, plus on y trouve partout un fonds inépuisable de sagesse qui est comme l'ame de l'univers.

FÉNELON.

XXXVI.

Le Troupeau de Colas.

Dès la pointe du jour, sortant de son hameau,
Colas, jeune pasteur d'un assez beau troupeau,
    Le conduisait au pâturage :
    Sur sa route il trouve un ruisseau

Que, la nuit précédente, un effroyable orage
Avait rendu torrent : comment passer cette eau ?
Chien, brebis et berger, tout s'arrête au rivage :
En faisant un circuit l'on eût gagné le pont ;
C'était bien le plus sûr, mais c'était le plus long.
Colas veut abréger : d'abord il considère
    Qu'il peut franchir cette rivière ;
    Et comme ses béliers sont forts,
    Il conclut que, sans grands efforts,
Le troupeau sautera : cela dit, il s'élance ;
Son chien saute après lui ; béliers d'entrer en danse,
    A qui mieux mieux : courage, allons !
    Après les béliers, les moutons ;
Tout est en l'air, tout saute ; et Colas les excite,
    En s'applaudissant du moyen.
Les béliers, les moutons sautèrent assez bien ;
    Mais les brebis vinrent ensuite,
Les agneaux, les vieillards, les faibles, les peureux,
    Les mutins, corps toujours nombreux,
Qui refusaient le saut, ou sautaient de colère,
    Et, soit faiblesse, soit dépit,
    Se laissaient choir dans la rivière.
Il s'en noya le quart, un autre quart s'enfuit,
    Et sous la dent du loup périt.
    Colas, réduit à la misère,
S'aperçut, mais trop tard, que, pour un bon pasteur,
    Le plus court n'est pas le meilleur.
                 FLORIAN.

XXXVII.

Maldonata,

OU LA LIONNE RECONNAISSANTE.

Les Espagnols avaient fondé Buénos-Ayres en 1535. La nouvelle colonie manqua bientôt de vivres, tous ceux qui se permettaient d'en aller chercher étaient massacrés par les sauvages, et l'on se vit réduit à défendre, sous peine de vie, de sortir de l'enceinte du nouvel établissement. Une femme, à qui la faim sans doute avait donné le courage de braver la mort, trompa la vigilance des gardes qu'on avait établis autour de la colonie, pour la garantir des dangers où elle se trouvait par la famine. Maldonata (c'était le nom de la transfuge), après avoir erré quelque temps dans des routes inconnues et désertes, entra dans une caverne pour s'y reposer de ses fatigues. Quelle fut sa terreur d'y rencontrer une lionne, et sa surprise quand elle vit cette bête formidable s'approcher d'elle d'un air à demi-tremblant, la caresser et lui lécher les mains avec des cris de douleur plus propres à l'attendrir qu'à l'effrayer ! L'Espagnole s'aperçut bientôt que la lionne était pleine, et que ses gémissemens étaient le langage d'un mère qui réclamait du secours pour la délivrer de son fardeau. Maldonata aida la nature dans le moment douloureux où elle semble n'accorder qu'à regret, à tous les êtres naissans, le jour et cette vie qu'elle leur laisse respirer si peu de temps.

La lionne, si heureusement délivrée, va bientôt cher-

cher une nourriture abondante , et l'apporte aux pieds
de sa bienfaitrice : celle-ci la partageait chaque jour avec
les jeunes lionceaux qui, nés par ses soins et élevés avec
elle, semblaient reconnaître, par des jeux et des morsures
innocentes, un bienfait que leur mère payait de ses plus
tendres empressemens. Mais quand l'âge leur eut donné
l'instinct de chercher eux-mêmes leur proie, avec la force
de l'atteindre et de la dévorer , cette famille se dispersa
dans les bois ; et la lionne, que la tendresse maternelle
ne rappelait plus dans sa caverne, disparut elle-même ,
et s'égara dans un désert que la faim dépeuplait chaque
jour. Maldonata, seule et sans subsistance, se vit réduite
à s'éloigner d'un antre redoutable à tant d'êtres vivans,
mais dont sa pitié avait su lui faire un asile. Cette
femme, privée avec douleur d'une société chérie, ne
fut pas long-temps errante, sans tomber entre les mains
des Sauvages indiens. Une lionne l'avait nourrie, et des
hommes la firent esclave! Bientôt après, elle fut reprise
par les Espagnols , qui la ramenèrent à Buénos-Ayres.
Le commandant, plus féroce lui seul que les lions et les
Sauvages, ne la crut pas sans doute assez punie de son
évasion par les dangers et les maux qu'elle avait essuyés ;
le barbare ordonna qu'elle fût attachée à un arbre, au
milieu d'un bois, pour y mourir de faim, ou devenir la
pâture des monstres dévorans.

Deux jours après, quelques soldats allèrent savoir la
destinée de cette malheureuse victime. Ils la trouvèrent
pleine de vie, au milieu des tigres affamés, qui, la gueule
ouverte sur cette proie, n'osaient approcher devant une
lionne couchée à ses pieds avec des lionceaux. Ce spectacle frappa tellement les soldats, qu'ils en étaient immobiles d'attendrissement et de frayeur. La lionne , en les

voyant, s'éloigna de l'arbre comme pour leur laisser la liberté de délier sa bienfaitrice. Mais, quand ils voulurent l'emmener avec eux, l'animal vint à pas lents confirmer, par des caresses et de doux gémissemens, les prodiges de reconnaissance que cette femme racontait à ses libérateurs. La lionne suivit quelque temps les traces de l'Espagnole avec ses lionceaux, donnant toutes les marques de respect et d'une véritable douleur qu'une famille fait éclater quand elle accompagne jusqu'au vaisseau un père ou un fils chéri qui s'embarque d'un port de l'Europe pour le Nouveau-Monde, d'où peut-être il ne reviendra jamais. Le commandant, instruit de toute l'aventure par les soldats, et ramené par un monstre des bois aux sentimens de l'humanité que son cœur farouche avait dépouillés sans doute en passant par les mers, laissa vivre une femme que le ciel avait si visiblement protégée.

RAYNAL.

XXXVIII.

DANVILLE ET BONNARD.

BONNARD.

Tu sauras, mon ami, que ton bonheur m'enchante !
Je m'en fais une image agréable et touchante;
D'un désir tout nouveau je me sens embrasé,
J'en rêve.... Je t'ai dit qu'on m'avait proposé
Une jeune personne aimable et fort jolie....

DANVILLE.

Et de te marier tu ferais la folie ?

7

BONNARD.

Du ton que tu prends là je suis émerveillé;
N'est-ce pas toi, mon cher, qui me l'as conseillé?

DANVILLE.

Te marier, Bonnard!

BONNARD.

Vois, dans un ministère
Supprime-t-on quelqu'un, c'est un célibataire.
Les pères de famille ont un titre éloquent,
Qui plaide en leur faveur dès qu'un poste est vacant,
Les défend dans leur place; eh bien! je me marie,
Pour me trouver enfin dans leur catégorie.

DANVILLE.

A ton âge!

BONNARD.

De grace, es-tu moins vieux que moi?

DANVILLE.

Oh! moi, c'est autre chose, entends-tu bien; mais toi,
Je te vois en victime aller au sacrifice;
Tu cours tête baissée au fond du précipice.
Quand tu vas t'y jeter, je dois te retenir.
Hé! sais-tu, malheureux, sais-tu quel avenir
Te punirait un jour d'une telle incartade?
Cette idée, à ton âge, est d'un cerveau malade:
Mon Dieu! qu'un vieux garçon connaît mal son bonheur!
Fuis d'un nœud inégal le charme suborneur.
C'est unir par contrat la raison au délire,
Et l'amour qu'on éprouve au dégoût qu'on inspire.
Prendre une jeune femme à soixante ans passés,
Pour mourir de chagrin, vois-tu, c'en est assez.
Il faut rester garçon, il faut que tu me croies,

Ou l'abîme t'attend, tu te perds, tu te noies,
Tu n'en reviendras pas.

BONNARD.

Ton effroi me confond :
Et que fais-je, après tout? Ce que bien d'autres font,
Ce que tu fis toi-même.

DANVILLE.

Oh! moi, c'est autre chose;
Mais, toi, songe à quel sort un fol hymen t'expose!
Va, le grand mot lâché, ton bonheur t'aura fui,
Tes rêves orgueilleux s'en iront avec lui.
Que devient de tes goûts le flegme sédentaire,
Si ta femme, à vingt ans, n'a pas ton caractère?
Elle ne l'aura pas. Tu seras tourmenté,
Tu seras le jouet de sa frivolité.
Tu chéris au Marais ton pacifique asile,
Et tu suivras ta femme au centre de la ville;
Un vieil ami te reste, et ta femme en rira;
Tu veux dormir, ta femme au bal te conduira;
Ta femme a ton argent, et sa dépense est folle;
Ta femme a ton secret, et ton secret s'envole.
Alors l'humeur, les cris, les pleurs à tous propos,
Et les nuits sans sommeil, et les jours sans repos.
Voilà, voilà ta femme!

BONNARD.

Ah! çà, mais c'est étrange!
Pourquoi voudrais-tu donc, quand la tienne est un ange,
Que la mienne, mon cher, fût un démon? Pourquoi?

DANVILLE.

Oh! moi, c'est autre chose, encore un coup; mais toi!...
Heureux si ta traîtresse, à ton amour ravie,
D'un chagrin plus amer n'empoisonne ta vie!

Tu verras malgré toi, du jour au lendemain,
Ce volage trésor s'échapper de ta main.
Tu deviendras jaloux, Bonnard, et quel supplice
Si tu surprends chez elle un amant, un complice!
Enflammé d'un beau feu pour l'honneur de ton nom,
Tu te battras ...

BONNARD.

Du tout.

DANVILLE.

Tu te battras.

BONNARD.

Eh non!
Tu peux pour ton honneur prendre ainsi fait et cause;
Mais je dis, à mon tour, que, moi, c'est autre chose.
Je ne me battrai pas. M'exposer! un moment!
Un duel pour cela ne m'irait nullement.
Tu me parles d'un ton qui fait que je balance;
Mais ailleurs notre affaire exige ma présence.
Je me rends sans tarder chez notre protecteur,
J'y cours. Peste! un duel! je suis ton serviteur.

CASIMIR DELAVIGNE, *Ecole des Vieillards*,
acte V, scène 4.

XXXIX.

Funérailles des Athéniens.

En sortant de la palestre, nous apprîmes que Télaïre, femme de Pyrrhus, parent et ami d'Apollodore, venait d'être attaquée d'un accident qui menaçait sa vie. On avait vu à sa porte les branches de laurier et d'acanthe, que, suivant l'usage, on suspend à la maison d'un malade. Nous y courûmes aussitôt. Les parens, empressés autour du lit, adressaient des prières à Mercure, conducteur des ames ; et le malheureux Pyrrhus recevait les derniers adieux de sa tendre épouse. On parvint à l'arracher de ces lieux. Nous voulûmes lui rappeler les leçons qu'il avait reçues à l'académie, leçons si belles quand on est heureux , si importunes quand on est dans le malheur. « O philosophie , s'écria-t-il, hier tu m'ordonnais d'aimer ma femme, aujourd'hui tu me défends de la pleurer! —Mais enfin, lui disait-on, vos larmes ne la rendront pas à la vie. — Ah! répondit-il, et c'est ce qui les redouble encore. »

Quand elle eut rendu les derniers soupirs, toute la maison retentit de cris et de sanglots. Le corps fut lavé, parfumé d'essences, et revêtu d'une robe précieuse. On mit sur sa tête , couverte d'un voile , une couronne de fleurs; dans ses mains un gâteau de farine et de miel, pour apaiser Cerbère, et dans sa bouche une pièce d'argent d'une ou deux oboles, qu'il faut payer à Caron : et en cet état elle fut exposée pendant tout un jour dans le vestibule. A la porte était un vase de cette eau lustrale destinée à purifier ceux qui ont touché un cadavre.

Cette exposition est nécessaire pour s'assurer que la personne est véritablement morte, et qu'elle l'est de mort naturelle. Elle dure quelquefois jusqu'au troisième jour.

Le convoi fut indiqué. Il fallait s'y rendre avant le lever du soleil. Les lois défendent de choisir une autre heure. Elles n'ont pas voulu qu'une cérémonie si triste dégénérât en un spectacle d'ostentation. Les parens et les amis furent invités. Nous trouvâmes, auprès du cercueil, des femmes qui poussaient de longs gémissemens. Quel-

ques unes coupaient des boucles de leurs cheveux, et les
déposaient à côté de Télaïre, comme un gage de leur tendresse et de leur douleur. On plaça le corps sur un chariot,
dans un cercueil de cyprès. Les hommes marchaient
avant, les femmes après ; quelques uns la tête rasée, tous
baissant les yeux, vêtus de noir, précédés d'un chœur
de musiciens qui faisaient entendre des chants lugubres.
Nous nous rendîmes à une maison qu'avait Pyrrhus
auprès de Phalère. C'est là qu'étaient les tombeaux de
ses pères.

L'usage d'inhumer les corps fut autrefois commun
parmi les nations ; celui de les brûler prévalut dans la
suite chez les Grecs ; aujourd'hui il paraît indifférent de
rendre à la terre ou de livrer aux flammes les restes de
nous-mêmes. On plaça le corps de Télaïre sur le bûcher ;
et, quand il fut consumé, les plus proches parens en
recueillirent les cendres ; et l'urne qui les renfermait fut
ensevelie dans la terre.

Pendant la cérémonie on fit des libations de vin ; on
jeta dans le feu quelques unes des robes de Télaïre ; on
l'appelait à haute voix ; et cet adieu éternel redoublait
les larmes qui n'avaient cessé de couler de tous les yeux.

BARTHÉLEMI, *Voyages du jeune Anacharsis.*

XL.

Marius dans les marais de Minturnes.

Le monde a conspiré la perte d'un seul homme,
Et la nature entière est d'accord avec Rome.
De son sein l'Océan m'écarte avec effroi,

La terre me repousse et s'ébranle sous moi.
C'est en vain que la nuit, moins cruelle et plus sombre,
Favorise mes pas et me prête son ombre;
Au défaut du soleil la foudre ici me luit,
Et montre à l'univers qu'enfin Marius fuit !
Par d'étonnans revers le sort veut que j'expie
Les étonnans succès qui signalent ma vie.
Il veut faire admirer à la postérité
Mon infortune autant que ma prospérité !.....
Tout se tait ; tout a fui dans une horreur profonde,
Et seul je semble errer sur les débris du monde.
　Je n'irai pas plus loin : j'attends ici mon sort.
Ce n'est pas d'aujourd'hui que je brave la mort.
Demanderai-je aux dieux qu'un trépas plus illustre
Au nom de Marius ajoute un nouveau lustre
Quarante ans de combats m'ont épargné ce soin,
Et, pour être immortel, je n'en ai point besoin.
Expirer loin de Rome, en cette solitude,
N'est-ce pas la punir de son ingratitude ?
Je l'abandonne en proie au plus pressant danger.
Oui, me laisser mourir, c'est assez me venger.
Teutons, Cimbres, Gaulois, que ce jour vous rallie,
La mort de Marius vous livre l'Italie.
Mais Sylla cependant ne recueille-t-il pas
Cet absolu pouvoir, objet de nos débats ?
Favorable à ses vœux, mon désespoir seconde
Son orgueil qui l'appelle à l'empire du monde.
Est-ce ainsi que mon cœur apprit à le haïr !
Son plus fidèle ami le peut-il mieux servir ?
Ah! quels que soient les maux dont la mort nous délivre,
Montrons-nous Marius, en osant encor vivre.
Dussé-je encor m'attendre à de plus grands revers

Je ne puis me résoudre à céder l'univers.
Vivons, tant que ce noble et puissant héritage
D'un autre que mon fils peut être le partage ;
Vivons, tant qu'un sénat guidé par l'intérêt
N'aura pas à mes pieds révoqué mon arrêt ;
Vivons, tant que ce bras, pour victoire dernière,
N'aura pas à Sylla fait mordre la poussière ;
Vivons : le ciel le veut. En ces lieux j'aperçois
L'abri qui m'est offert sous ces rustiques toits.
C'est chez l'infortuné que la pitié se trouve :
Sans peine on compatit au malheur qu'on éprouve.
A travers tant d'écueils les dieux qui m'ont sauvé,
Au plus obscur trépas ne m'ont point réservé.
Leurs mains, qui sous mes pas aplanissent la route,
Pour un grand avenir m'ont conservé sans doute.
Éprouvons les destins, fatiguons leur courroux ;
Voyons si le malheur est plus constant que nous.

ARNAULT, *Marius à Minturnes.*

XLI.

Adieux de Marie Stuart.

Adieu, charmant pays de France,
    Que je dois tant chérir !
Berceau de mon heureuse enfance,
    Adieu ! te quitter, c'est mourir.

Toi que j'adoptai pour patrie,
Et d'où je crois me voir bannir,
Entends les adieux de Marie,

France, et garde son souvenir.
Le vent souffle, on quitte la plage ;
Et, peu touché de mes sanglots,
Dieu, pour me rendre à ton rivage,
Dieu n'a point soulevé les flots !

Adieu, charmant pays de France,
   Que je dois tant chérir ;
Berceau de mon heureuse enfance,
Adieu ! te quitter, c'est mourir.

Lorsqu'aux yeux du peuple que j'aime,
Je ceignis les lis éclatans,
Il applaudit au rang suprème
Moins qu'aux charmes de mon printemps.
En vain la grandeur souveraine
M'attend chez le sombre Écossais ;
Je n'ai désiré d'être reine
Que pour régner sur des Français.

Adieu, charmant pays de France,
   Que je dois tant chérir,
Berceau de mon heureuse enfance,
Adieu ! te quitter, c'est mourir.

L'amour, la gloire, le génie
Ont trop enivré mes beaux jours ;
Dans l'inculte Calédonie,
De mon sort va changer le cours.
Hélas ! un présage terrible
Doit livrer mon cœur à l'effroi :
J'ai cru voir dans un songe horrible
Un échafaud dressé pour moi.

Adieu, charmant pays de France,
　Que je dois tant chérir,
Berceau de mon heureuse enfance,
Adieu ! te quitter, c'est mourir.

France, du milieu des alarmes,
La noble fille des Stuarts,
Comme en ce jour qui voit ses larmes,
Vers toi tournera ses regards ;
Mais, Dieu ! le vaisseau trop rapide
Déja vogue sous d'autres cieux ;
Et la nuit, dans un voile humide,
Dérobe les bords à mes yeux !

Adieu, charmant pays de France,
　Que je dois tant chérir !
Berceau de mon heureuse enfance,
Adieu ! te quitter, c'est mourir.

BÉRANGER.

XLII.

De l'Air, du Feu et des Corps.

On prouve que l'air est une substance matérielle dont les parties sont solides, capables de résister au mouvement, d'en recevoir et d'en communiquer.....

On prouve, par des expériences très décisives, que la masse de l'air n'est point un corps simple, qu'elle est chargée de corps étrangers qu'on nomme exhalaisons et vapeurs...

L'air est pesant, et il exerce, comme les liqueurs, sa pesanteur en tous les sens.....

Le feu se trouve répandu généralement dans l'intérieur de tous les corps.....

Les corps qui, après avoir été comprimés, font effort pour se rétablir dans leur premier état, se nomment élastiques ou corps à ressort.

Les parties solides qui composent un corps ne sont jamais si étroitement jointes qu'elles ne laissent entre elles des intervalles qu'on nomme des pores.

Comme les corps solides diffèrent entre eux par différens degrés de pesanteur, les liquides (dont les parties doivent être considérées comme autant de petits corps solides) ne pèsent pas tous également.

NOLLET, Physique expérimentale.

XLIII.

Début de la comédie des Plaideurs.

Ma foi ! sur l'avenir bien fou qui se fiera.
Tel qui rit vendredi, dimanche pleurera.
Un juge, l'an passé, me prit à son service ;
Il m'avait fait venir d'Amiens pour être suisse.
Tous ces Normands voulaient se divertir de nous :
On apprend à hurler, dit l'autre, avec les loups.
Tout Picard que j'étais, j'étais un bon apôtre,
Et je faisais claquer mon fouet tout comme un autre.
Tous les plus gros monsieurs me parlaient chapeau bas ;
Monsieur de Petit-Jean, ah ! gros comme le bras.
Mais sans argent l'honneur n'est qu'une maladie.
Ma foi ! j'étais un franc portier de comédie :
On avait beau heurter et m'ôter son chapeau,

On n'entrait point chez nous sans graisser le marteau.
Point d'argent, point de suisse; et ma porte était close.
Il est vrai qu'à Monsieur j'en rendais quelque chose :
Nous comptions quelquefois. On me donnait le soin
De fournir la maison de chandelle et de foin :
Mais je n'y perdais rien. Enfin, vaille que vaille,
J'aurais sur le marché fort bien fourni la paille.
C'est dommage : il avait le cœur trop au métier ;
Tous les jours le premier aux plaids, et le dernier ;
Et bien souvent tout seul, si l'on l'eût voulu croire,
Il s'y serait couché sans manger et sans boire.
Je lui disais parfois : Monsieur Perrin Dandin,
Tout franc, vous vous levez tous les jours trop matin.
Qui veut voyager loin ménage sa monture ;
Buvez, mangez, dormez, et faisons feu qui dure.
Il n'en a tenu compte. Il a si bien veillé
Et si bien fait, qu'on dit que son timbre est brouillé.
Il nous veut tous juger les uns après les autres.
Il marmotte toujours certaines patenôtres
Où je ne comprends rien. Il veut, bon gré, malgré,
Ne se coucher qu'en robe et qu'en bonnet carré.
Il fit couper la tête à son coq, de colère,
Pour l'avoir éveillé plus tard qu'à l'ordinaire;
Il disait qu'un plaideur dont l'affaire allait mal
Avait graissé la pate à ce pauvre animal.
Depuis ce bel arrêt le pauvre homme a beau faire,
Son fils ne souffre plus qu'on lui parle d'affaire.
Il nous le fait garder jour et nuit, et de près :
Autrement, serviteur, et mon homme est aux plaids.
Pour s'échapper de nous, Dieu sait s'il est alègre.
Pour moi, je ne dors plus: aussi je deviens maigre,
C'est pitié. Je m'étends et ne fais que bâiller,

Mais veille qui voudra, voici mon oreiller.
Ma foi ! pour cette nuit il faut que je m'en donne.
Pour dormir dans la rue on n'offense personne.
Dormons. (*Il se couche par terre.*)

RACINE.

XLIV.

Joas sauvé.

Hélas ! l'état horrible où le ciel me l'offrit
Revient à tout moment effrayer mon esprit ;
De princes égorgés la chambre était remplie :
Un poignard à la main, l'implacable Athalie
Au carnage animait ses barbares soldats,
Et poursuivait le cours de ses assassinats.
Joas, laissé pour mort, frappa soudain ma vue :
Je me figure encor sa nourrice éperdue,
Qui devant les bourreaux s'était jetée en vain,
Et, faible, le tenait renversé sur son sein.
Je le pris tout sanglant ; en baignant son visage,
Mes pleurs du sentiment lui rendirent l'usage ;
Et, soit frayeur encore, ou pour me caresser,
De ses bras innocens je me sentis presser.
Grand Dieu, que mon amour ne lui soit point funeste !
Du fidèle David c'est le précieux reste :
Nourri dans ta maison, en l'amour de ta loi,
Il ne connaît encor d'autre père que toi.
Sur le point d'attaquer une reine homicide,
A l'aspect du péril si ma foi s'intimide ;
Si la chair et le sang, se troublant aujourd'hui,
Ont trop de part aux pleurs que je répands pour lui,

8

Conserve l'héritier de tes saintes promesses,
Et ne punis que moi de toutes mes faiblesses !

RACINE, Athalie, acte I, scène 2.

XLV.

Première invasion.

1814.

Voilà donc la France, après vingt-deux ans de combats et de triomphes, exposée aux coups de l'Europe entière, à la rage de toutes les nations qu'elle a si souvent vaincues, de ces *peuples* qui naguère encore tremblaient à son aspect, qui imploraient son pardon, qui briguaient son alliance, qui s'élevaient ou qui reposaient à l'ombre de ses lauriers. Qui a opéré ces grandes révolutions ?... Qui nous a occasioné tant de désastres ? Qui nous a précipités sur le bord de l'abîme ? L'ambition et le despotisme de Napoléon, des clameurs insensées, une confiance sans bornes, le manque total d'esprit public dans la nation, qui seul crée les despotes ; car il ne peut y en avoir que là où l'on consent à être esclave..... Mais les plaintes sont inutiles, les dangers s'accumulent. Le soldat français peut-il voir indignement fouler le sol de la patrie ? Peut-il voir avilir ses drapeaux ? Peut-il entendre, sans frémir, la voix de l'étranger au milieu de nos villes et de nos campagnes ?..... Ses cicatrices disent que non. Ses efforts seront sans doute impuissans; c'est à la mort qu'il va courir, il va la recevoir avec gloire.

Blucher est le premier qui ose approcher; il est battu

à Brienne. Réuni à l'Autrichien Giulay, au Bavarois de Wrede, au prince de Wurtemberg, au grand-duc Constantin, il revient à la tête de 110,000 hommes; nous sommes battus à la Rothière. De nouvelles divisions de la garde et de l'armée d'Espagne arrivent en poste; les Prussiens et les Russes sont taillés en pièces à Champaubert, à Montmirail, à Château-Thierry, à Vauxchamps. Blucher, Kleist, York, Sacken, Ziethen, etc., sont épouvantés, ils fuient dans les rangs de l'armée de Winzingerode. De nouveaux ennemis paraissent au sud; ils sont culbutés à Nangis, éparpillés à Montereau. Le repos de Victor a sauvé Schwartzemberg. Les peuples du nord se représentent et sont battus de nouveau à Craonne, à Reims, à Arcis-sur-Aube, à Saint-Dizier. Mais c'est l'hydre de Lerne, de nouveaux corps d'armée remplacent ceux que la valeur française a moissonnés. Une poignée de braves est entourée par les armées européennes, et ces armées n'osent soutenir sa présence. La victoire les dédaignait : la fortune seule les porte dans Paris.

Le plus puissant des souverains, le premier des capitaines, l'homme le plus extraordinaire qui parut jamais, Napoléon, qui, dans cette immortelle campagne, chef-d'œuvre de la guerre, a forcé son ennemi même à l'admirer, Napoléon, mal secondé par quelques uns de ses lieutenans, est accablé sous le poids de ses lauriers. Il a écouté ses courtisans, il a méconnu, dans des temps favorables, il a méconnu la voix de la patrie, il a outragé la liberté, il l'a fait disparaître : il est renversé de son trône. Nouvel Alexandre, il lui fallait un nouvel univers, et l'île d'Elbe devient sa prison.

Puisse l'étonnante histoire de Napoléon, son élévation, son génie, ses facultés surnaturelles, sa gloire sa

toute-puissance, l'excès de sa fortune, les défections
qu'il a éprouvées, ses revers et son épouvantable
chute, être à jamais la leçon des rois et des peuples !
Puissent-ils bien comprendre et se rappeler sans cesse
que la force, la force seule est impuissante, même dans
les mains d'un grand homme; qu'au moment du danger
ce ne sont point les flatteurs qui sauvent les empires;
qu'il faut plus que des couronnes ducales pour faire des
citoyens; que l'adulation conduit toujours à l'infamie; que
Dieu seul doit être adoré; que l'encens prodigué à de
mortelles idoles les enivre et les précipite dans l'abîme ;
qu'à côté du Capitole est la roche Tarpéïenne; qu'il
n'existe enfin rien de solide que dans l'ordre moral; qu'il
n'y a de repos, de bonheur, de salut, de véritable
gloire qu'au sein d'une sage liberté, protectrice de tous
les intérêts, source et sage principe de toute institu-
tion bienfaisante, garantie tout à la fois par les vertus,
le pouvoir raisonnable, la dignité du trône, la considé-
ration, l'attachement, l'énergie, le patriotisme et la
noble attitude des citoyens !

MAIRE, *Tableau chronologique de l'histoire
de France.*

XLVI.

Belle Réponse de Porus.

ALEXANDRE.

Votre fierté, Porus, ne se peut abaisser :
Jusqu'au dernier soupir vous m'osez menacer.
En effet, ma victoire doit en être alarmée,
Votre nom peut encor plus que toute une armée :
Je m'en dois garantir. Parlez donc, dites-moi,

Comment prétendez-vous que je vous traite ?

PORUS.

En roi.

RACINE, *Alexandre*, acte V, scène 3.

XLVII.

Le Lecteur de Journaux.

Comme il est bien posé ! L'excellente figure !
Il ne dort ni ne veille. Il tient une brochure ;
Il voudrait y fixer un regard incertain,
Et toujours la brochure échappe de sa main.
Au fond de la Cité je gage qu'il demeure.
Pour arriver ici que lui faut-il ? Une heure ;
Trois pour lire à peu près comme il lit aujourd'hui ;
Une bonne heure encor pour retourner chez lui :
Eh bien ! cet homme-là bénit sa destinée,
Et se couche enchanté, le soir, de sa journée !

VIGÉE.

XLVIII.

Le Singe.

Un vieux singe malin étant mort, son ombre descendit
dans la sombre demeure de Pluton, où elle demanda à
retourner parmi les vivans. Pluton voulait la renvoyer
dans le corps d'un âne pesant et stupide, pour lui ôter sa
souplesse, sa vivacité et sa malice. Mais elle fit tant de
tours plaisans et badins, que l'inflexible roi des en-

8.

fers ne put s'empêcher de rire, et lui laissa le choix
d'une condition. Elle demande à entrer dans le corps d'un
perroquet. « Au moins, disait-elle, je conserverai par-là
quelque ressemblance avec les hommes que j'ai long-
temps imités. Étant singe, je faisais des gestes comme
eux ; et, étant perroquet, je parlerai avec eux dans les
plus agréables conversations. »

A peine l'ame du singe fut introduite dans ce nouveau
métier, qu'une vieille femme causeuse l'acheta. Il fit ses
délices; elle le mit dans une belle cage. Il faisait bonne
chère, et discourait toute la journée avec la vieille rado-
teuse qui ne parlait pas plus sensément que lui. Il joignit à
son nouveau talent d'étourdir tout le monde, je ne sais
quoi de son ancienne profession. Il remuait sa tête ridicule-
ment, il faisait craquer son bec, il agitait ses ailes de
cent façons, et faisait de ses pattes plusieurs tours qui
sentaient encore les grimaces de Fagotin. La vieille prenait à toute heure ses lunettes pour l'admirer; elle était
bien fâchée d'être un peu sourde, et de perdre quelquefois des paroles de son perroquet, à qui elle trouvait plus
d'esprit qu'à personne. Ce perroquet gâté devint bavard,
importun et fou. Il se tourmenta si fort dans sa cage,
et but tant de vin avec la vieille, qu'il en mourut.

Le voilà revenu devant Pluton, qui voulait cette fois
le faire passer dans le corps d'un poisson, pour le rendre
muet. Mais il fit encore une farce devant le roi des
ombres; et les princes ne résistent guère aux demandes
des mauvais plaisans qui les flattent. Pluton accorda
donc à celui-ci qu'il irait dans le corps d'un homme;
mais comme le dieu eut honte de l'envoyer dans le corps
d'un homme sage et vertueux, il le destina au corps
d'un harangueur ennuyeux et importun, qui mentait,

qui se vantait sans cesse, qui faisait des gestes ridicules,
qui se moquait de tout le monde, qui interrompait
toutes les conversations les plus polies et les plus solides,
pour dire rien, ou les sottises les plus grossières.
Mercure, qui le reconnut dans ce nouvel état, lui dit
en riant : Ho! ho! je te reconnais; tu n'es qu'un com-
posé du singe et du perroquet que j'ai vus autrefois. Qui
t'ôterait tes gestes et tes paroles apprises par cœur sans
jugement, ne laisserait rien de toi. D'un joli singe et
d'un bon perroquet on ne fait qu'un sot homme.

Fénelon.

XLIX.

Episode d'Aristée.

. . . .

Possesseur autrefois de nombreuses abeilles,
Aristée avait vu ce peuple infortuné,
Par la contagion, par la faim moissonné.
Aussitôt des beaux lieux que le Pénée arrose,
Vers la source sacrée où le fleuve repose
Il arrive, il s'arrête; et, tout baigné de pleurs,
A sa mère, en ces mots, exhale ses douleurs :
Déesse de ces eaux, ô Cyrène! ô ma mère !
Si je puis me vanter qu'Apollon soit mon père,
Hélas ! du sang des dieux n'as-tu formé ton fils
Que pour l'abandonner aux destins ennemis?
Ma mère, qu'as-tu fait de cet amour si tendre?
Où sont donc ces honneurs où je devais prétendre!
Hélas ! parmi les dieux j'espérais des autels,
Et je languis sans gloire au milieu des mortels !

Ce prix de tant de soins qui charmait ma misère,
Mes essaims ne sont plus; et vous êtes ma mère!
Achevez, de vos mains ravagez ces coteaux,
Embrasez mes moissons, immolez mes troupeaux,
Dans ces jeunes forêts allez porter la flamme,
Puisque l'honneur d'un fils ne touche point votre ame.

Cyrène entend sa voix au fond de son séjour:
Près d'elle, en ce moment, les nymphes de sa cour
Filaient d'un doigt léger des laines verdoyantes;
Leurs beaux cheveux tombaient en tresses ondoyantes :
Là, sont la jeune Opis, aux yeux pleins de douceur,
Et Clio toujours fière, et Béroë sa sœur,
Toutes deux se vantant d'une illustre origine,
Étalant toutes deux l'or, la pourpre et l'hermine;
Vous, Aréthuse, enfin, que l'on vit autrefois
Presser d'un pas léger les habitans des bois.

Pour charmer leur ennui, Clymène, au milieu d'elles,
Leur racontait des dieux les amours infidèles.
Du malheureux berger la gémissante voix
Parvient jusqu'à sa mère une seconde fois:
Cyrène s'en émeut; ses compagnes timides
Ont tressailli d'effroi dans leurs grottes humides.
Aréthuse, cherchant d'où partent ces sanglots,
Montre ses blonds cheveux sur la voûte des flots :
O ma sœur! tu sentais de trop justes alarmes !
Ton fils, ton tendre fils, tout baigné de ses larmes,
Paraît au bord des eaux, accablé de douleurs,
Et sa mère est, dit-il, insensible à ses pleurs.

Mon fils! répond Cyrène en pâlissant de crainte,

Qu'il vienne : et quel est donc le sujet de sa plainte ?
Qu'on amène mon fils, qu'il paraisse à mes yeux ;
Mon fils a droit d'entrer dans le palais des dieux :
Fleuve, retire-toi. L'onde respectueuse,
A ces mots, suspendant sa course impétueuse,
S'ouvre, et, se repliant en deux monts de cristal,
Le porte mollement au fond de son canal.

Le jeune dieu descend, il s'étonne, il admire
Le palais de sa mère et son liquide empire ;
Il écoute le bruit des flots retentissans,
Contemple le berceau de cent fleuves naissans,
Qui, sortant en grondant de leur grotte profonde,
Promènent en cent lieux leur course vagabonde.
De là partent le Phase et le vaste Lycus ;
Le père des moissons, le riche Caïcus ;
L'Énipée orgueilleux d'orner la Thessalie ;
Le Tibre encor plus fier de baigner l'Italie ;
L'Hypanis se brisant sur des rochers affreux,
Et l'Anio paisible, et l'Éridan fougueux,
Qui, roulant à travers les campagnes fécondes,
Court dans les vastes mers ensevelir ses ondes.

Mais enfin il arrive à ce brillant palais
Que les flots ont creusé dans un roc toujours frais.
Sa mère, en l'écoutant, sourit et le rassure ;
Les nymphes sur ses mains épanchent une eau pure,
Offrent pour les sécher de fins tissus de lin :
On fait fumer l'encens, on fait couler le vin.
Prends ce vase, ô mon fils ! afin qu'il nous seconde,
Invoquons l'Océan, le vieux père du monde :
Et vous, reine des eaux, protectrice des bois,

Entendez-moi, mes sœurs. Elle dit, et trois fois
Le feu sacré reçut la liqueur pétillante;
Trois fois jaillit dans l'air une flamme brillante.
Elle accepte l'augure, et poursuis en ces mots:

Protée, ô mon cher fils ! peut seul finir tes maux.
C'est lui que nous voyons, sur ces mers qu'il habite,
Atteler à son char les monstres d'Amphitrite.
Pallène est sa patrie; et, dans ce même jour,
Vers ces bords fortunés il hâte son retour :
Les nymphes, les tritons, tous jusqu'au vieux Nérée
Respectent de ce dieu la science sacrée.
Ses regards pénétrans, son vaste souvenir
Embrassent le présent, le passé, l'avenir ;
Précieuse faveur du dieu puissant des ondes,
Dont il paît les troupeaux dans les plaines profondes.
Par lui tu connaîtras d'où naissent tes revers;
Mais il faut qu'on l'y force en le chargeant de fers.
On a beau l'implorer, son cœur, sourd à la plainte,
Résiste à la prière, et cède à la contrainte.

Moi-même, quand Phébus, partageant l'horizon,
De ses feux dévorans jaunira le gazon,
A l'heure où les troupeaux goûtent le frais de l'ombre,
Je guiderai tes pas vers une grotte sombre
Où sommeille ce dieu sorti du sein des flots :
Là, tu le surprendras dans les bras du repos.
Mais à peine on l'attaque, il fuit, il prend la forme
D'un tigre furieux, d'un sanglier énorme ;
Serpent il s'entrelace, et lion il rugit ;
C'est un feu qui pétille, un torrent qui mugit.
Mais plus il t'éblouit par mille formes vaines,

Plus il faut resserrer l'étreinte de ses chaînes,
Redoubler tes assauts, épuiser ses secrets,
Et forcer ton captif à reprendre ses traits.

Sur son fils, à ces mots, sa main officieuse
Répand d'un doux parfum l'essence précieuse :
Cette pure ambroisie embaume ses cheveux,
Rend son corps plus agile, et ses bras plus nerveux.
Au sein des vastes mers s'avance un mont sauvage,
Où le flot mugissant, brisé par le rivage,
Se divise et s'enfonce en un profond bassin
Qui reçoit les nochers dans son paisible sein :
Là, dans un antre obscur se retirait Protée.
Cyrène le prévient, y conduit Aristée,
Le place loin du jour, dans l'ombre de ces lieux,
Se couvre d'un nuage, et se dérobe aux yeux.
Déjà le Chien brûlant dont l'Inde est dévorée
Vomissait tous ses feux sur la plaine altérée ;
Déjà l'ardent midi, desséchant les ruisseaux,
Jusqu'au fond de leur lit avait pompé leurs eaux :
Pour respirer le frais dans sa grotte profonde,
Protée en ce moment quittait le sein de l'onde.
Il marche ; près de lui le peuple entier des mers
Bondit et fait au loin jaillir les flots amers :
Tous ces monstres épars s'endorment sur la rive.

Alors, tel qu'un berger, quand la nuit sombre arrive
Lorsque le loup s'irrite aux cris du tendre agneau,
Le dieu, sur son rocher, compte au loin son troupeau.
A peine il s'assoupit que le fils de Cyrène
Accourt, pousse un grand cri, le saisit et l'enchaîne.
Le vieillard de ses bras sort en feu dévorant ;

Il s'échappe en lion, il se roule en torrent.
Enfin, las d'opposer une défense vaine,
Il cède ; et, se montrant sous une forme humaine :
« Jeune imprudent, dit-il, qui t'amène en ce lieu ?
Parle, que me veux-tu ? — Vous le savez, grand dieu,
Oui, vous le savez trop, lui répond Aristée ;
Le livre des destins est ouvert à Protée :
L'ordre des immortels m'amène devant vous :
Daignez... » Le dieu, roulant des yeux pleins de courroux,
A peine de ses sens dompte la violence ;
Et, tout bouillant encor, rompt ainsi le silence :

« Tremble, un dieu te poursuit ; pour venger ses douleurs,
Orphée a sur ta tête attiré ces malheurs ;
Mais il n'a pas au crime égalé le supplice.
Un jour tu poursuivais sa fidèle Eurydice ;
Eurydice fuyait, hélas ! et ne vit pas
Un serpent que les fleurs recelaient sous ses pas.
La mort ferma ses yeux : les nymphes, ses compagnes,
De leurs cris douloureux remplirent les montagnes ;
Le Thrace belliqueux lui-même en soupira ;
Le Rhodope en gémit, et l'Ebre en murmura.
Son époux s'enfonça dans un désert sauvage :
Là, seul, touchant sa lyre, et charmant son veuvage,
Tendre épouse ! c'est toi qu'appelait son amour,
Toi qu'il pleurait la nuit, toi qu'il pleurait le jour.

C'est peu : malgré l'horreur de ses profondes voûtes,
Il franchit de l'enfer les formidables routes ;
Et, perçant ces forêts où règne un morne effroi,
Il aborda des morts l'impitoyable roi,
Et la Parque inflexible, et les pâles Furies,

Que les pleurs des humains n'ont jamais attendries.
Il chantait ; et, ravis jusqu'au fond des enfers,
Au bruit harmonieux de ses tendres concerts,
Les légers habitans de ces obscurs royaumes,
Des spectres pâlissans, de livides fantômes,
Accouraient, plus pressés que ces oiseaux nombreux
Qu'un orage soudain ou qu'un soir ténébreux
Rassemble par milliers dans les bocages sombres ;
Des mères, des héros, aujourd'hui vaines ombres,
Des vierges que l'hymen attendait aux autels,
Des fils mis au bûcher sous les yeux paternels,
Victimes que le Styx, dans ses prisons profondes,
Environne neuf fois des replis de ses ondes,
Et qu'un marais fangeux, bordé de noirs roseaux,
Entoure tristement de ses dormantes eaux.

L'enfer même s'émeut : les fières Euménides
Cessèrent d'irriter leurs couleuvres livides ;
Ixion immobile écoutait ses accords ;
L'hydre affreuse oublia d'épouvanter les morts,
Et Cerbère, abaissant ses têtes menaçantes,
Retint sa triple voix dans ses gueules béantes.
Enfin, il revenait triomphant du trépas :
Sans voir sa tendre amante, il précédait ses pas ;
Proserpine à ce prix couronnait sa tendresse.
Soudain ce faible amant, dans un instant d'ivresse,
Suivit imprudemment l'ardeur qui l'entraînait,
Bien digne de pardon, si l'enfer pardonnait.
Presque aux portes du jour, troublé, hors de lui-même,
Il s'arrête, il se tourne,... il revoit ce qu'il aime !
C'en est fait, un coup d'œil a détruit son bonheur ;
Le barbare Pluton révoque sa faveur,

Et des enfers charmés de ressaisir leur proie
Trois fois le gouffre avare en retentit de joie.
Eurydice s'écrie : O destin rigoureux !
Hélas ! quel dieu cruel nous a perdus tous deux ?
Quelle fureur ! voilà qu'au ténébreux abîme
Le barbare destin rappelle sa victime.
Adieu ! déjà je sens dans un nuage épais
Nager mes yeux éteints et fermés pour jamais.
Adieu, mon cher Orphée : Eurydice expirante
En vain te cherche encor de sa main défaillante,
L'horrible mort jetant son voile autour de moi,
M'entraîne loin du jour, hélas ! et loin de toi ! »
Elle dit, et soudain dans les airs s'évapore.
Orphée en vain l'appelle, en vain la suit encore,
Il n'embrasse qu'une ombre, et l'horrible nocher
De ces bords désormais lui défend d'approcher.
Alors, deux fois privé d'une épouse si chère,
Où porter sa douleur, où traîner sa misère ?
Par quels sons, par quels pleurs fléchir le dieu des morts?
Déjà cette ombre froide arrive aux sombres bords.

Près du Strymon glacé, dans les antres de Thrace,
Durant sept mois entiers il pleura sa disgrace :
Sa voix adoucissait les tigres des déserts,
Et les chênes émus s'inclinaient dans les airs.
Telle sur un rameau, durant la nuit obscure,
Philomèle plaintive attendrit la nature,
Accuse en gémissant l'oiseleur inhumain,
Qui, glissant dans son nid une furtive main,
Ravit ces tendres fruits que l'amour fit éclore,
Et qu'un léger duvet ne couvrait pas encore.
Pour lui plus de plaisirs, plus d'hymen, plus d'amour :

Seul, parmi les horreurs d'un sauvage séjour,
Dans ces noires forêts du soleil ignorées,
Sur les sommets déserts des monts Hyperborées,
Il pleurait Eurydice, et, plein de ses attraits,
Reprochait à Pluton ses perfides bienfaits.

En vain mille beautés s'efforçaient de lui plaire,
Il dédaigna leurs feux, et leur main sanguinaire,
La nuit, à la faveur des mystères sacrés,
Dispersa dans les champs ses membres déchirés.
L'Èbre roula sa tête encor toute sanglante :
Là, sa langue glacée et sa voix expirante,
Jusqu'au dernier soupir formant un faible son,
D'Eurydice en flottant murmurait le doux nom.
Eurydice! O douleur! Touchés de son supplice,
Les échos répétaient : Eurydice ! Eurydice !.... »
Le devin dans la mer se replonge à ces mots,
Et du gouffre écumant fait tournoyer les flots.
Cyrène de son fils vient calmer les alarmes :

Cher enfant, lui dit-elle, essuie enfin tes larmes ;
Tu connais ton destin. Eurydice autrefois
Accompagnait les chœurs des nymphes de ces bois,
Elles vengent sa mort ; toi, fléchis leur colère :
On désarme aisément leur rigueur passagère.
Sur le riant Lycée où paissent tes troupeaux,
Va choisir à l'instant quatre jeunes taureaux,
Choisis un nombre égal de génisses superbes
Qui des prés émaillés foulent en paix les herbes :
Pour les sacrifier élève quatre autels ;
Et, les faisant tomber sous les couteaux mortels,
Laisse leurs corps sanglants dans la forêt profonde.

Quand la neuvième aurore éclairera le monde,
Au déplorable époux dont tu causes les maux,
Offre une brebis noire et la fleur des pavots;
Enfin, pour satisfaire aux mânes d'Eurydice,
De retour dans les bois, immole une génisse.
Elle dit. Le berger dans ses nombreux troupeaux,
Va choisir à l'instant quatre jeunes taureaux,
Immole un nombre égal de génisses superbes
Qui des prés émaillés foulaient en paix les herbes;
Pour la neuvième fois quand l'aurore parut,
Au malheureux Orphée il offrit son tribut,
Et rentra plein d'espoir dans la forêt profonde.
O prodige ! le sang, par sa chaleur féconde,
Dans les flancs des taureaux forme un nombreux essaim :
Des peuples bourdonnans s'échappent de leur sein,
Comme un nuage épais dans les airs se répandent,
Et sur l'arbre voisin en grappes se suspendent.

DELILLE. Traduction des <i>Géorgiques
de Virgile</i>, liv. IVe.

L.

Le Meunier Sans-Souci.

Sur le riant coteau par le prince choisi
S'élevait le moulin du meunier Sans-Souci.
Le vendeur de farine avait pour habitude
D'y vivre au jour le jour, exempt d'inquiétude;
Et, de quelque côté que vînt souffler le vent,
Il y tournait son aile, et s'endormait content.

Fort bien achalandé, grace à son caractère,

Le moulin prit le nom de son propriétaire ;
Et des hameaux voisins les filles, les garçons
Allaient à Sans-Souci pour danser aux chansons.

Hélas ! est-ce une loi sur notre pauvre terre
Que toujours deux voisins auront entre eux la guerre
Que la soif d'envahir et d'étendre ses droits
Tourmentera toujours les meûniers et les rois ?
En cette occasion le roi fut le moins sage ;
Il lorgna du voisin le modeste héritage.

On avait fait des plans fort beaux sur le papier,
Où le chétif enclos se perdait tout entier ;
Il fallait sans cela renoncer à la vue,
Rétrécir les jardins et masquer l'avenue.
Des bâtimens royaux l'ordinaire intendant
Fit venir le meûnier ; et, d'un ton important :
« Il nous faut ton moulin ; que veux-tu qu'on t'en donne ?
— Rien du tout ; car j'entends ne le vendre à personne.
Il vous faut, est fort bon.... Mon moulin est à moi...
Tout aussi bien, au moins, que la Prusse est au roi.
— Allons, ton dernier mot, bonhomme, et prends-y garde.
— Faut-il vous parler clair ? — Oui. — C'est que je le garde :
Voilà mon dernier mot. » Ce refus effronté
Avec un grand scandale au prince est raconté.
Il mande auprès de lui le meûnier indocile,
Presse, flatte, promet : ce fut peine inutile,
Sans-Souci s'obstinait. « Entendez la raison :
Sire, je ne puis pas vous vendre ma maison :
Mon vieux père y mourut, mon fils y vient de naître ;
C'est mon Potsdam, à moi. Je suis tranchant peut-être :
Ne tiez-vous jamais ? Tenez, mille ducats

9.

Au bout de vos discours ne me tenteraient pas.
Il faut vous en passer, je l'ai dit, j'y persiste. »

Les rois mal aisément souffrent qu'on leur résiste.
Frédéric, un moment par l'humeur emporté :
« Parbleu ! de ton moulin c'est bien être entêté ;
« Je suis bon de vouloir t'engager à le vendre :
« Sais-tu que, sans payer, je pourrais bien le prendre ?
« Je suis le maître. — Vous ?... de prendre mon moulin ?
« Oui, si nous n'avions pas des juges à Berlin. »

Le monarque, à ce mot, revient de son caprice.
Charmé que sous son règne on crût à la justice,
Il rit, et se tournant vers quelques courtisans :
« Ma foi, Messieurs, je crois qu'il faut changer nos plans.
« Voisin, garde ton bien ; j'aime fort ta réplique.»

Qu'aurait-on fait de mieux dans une république ?
Le plus sûr est pourtant de ne pas s'y fier.
Ce même Frédéric, juste envers un meûnier,
Se permit maintes fois telle autre fantaisie :
Témoin ce certain jour qu'il prit la Silésie ;
Qu'à peine sur le trône, avide de lauriers,
Epris du vain renom qui séduit les guerriers,
Il mit l'Europe en feu. Ce sont là jeux de prince :
On respecte un moulin, on vole une province.

                                        ANDRIEUX.

LI.

L'Académie silencieuse,

OU LES EMBLÈMES.

Il y avait à Amadan une célèbre académie, dont le premier statut était conçu en ces mots : *Les* académiciens *penseront beaucoup, écriront peu, et ne parleront que le moins qu'il sera possible.* On l'appelait l'ACADÉMIE SILENCIEUSE, et il n'était point en Perse de vrai savant qui n'eût l'ambition d'y être admis. Le docteur Zeb, auteur d'un petit livre excellent, intitulé LE BAILLON, apprit, au fond de sa province, qu'il vaquait une place dans l'Académie silencieuse : il part aussitôt ; il arrive à Amadan, et, se présentant à la porte de la salle où les académiciens sont assemblés, il prie l'huissier de remettre au président ce billet : *Le docteur Zeb demande humblement la place vacante.* L'huissier s'acquitta sur-le-champ de la commission ; mais le docteur et son billet arrivaient trop tard, la place était déjà remplie.

L'Académie fut désolée de ce contre-temps ; elle reçut, un peu malgré elle, un bel esprit de la cour, dont l'éloquence vive et légère faisait l'admiration de toutes les ruelles, et elle se voyait réduite à refuser le docteur Zeb, le fléau des bavards, une tête si bien faite, si bien meublée ! Le président, chargé d'annoncer au docteur cette nouvelle désagréable, ne pouvait presque s'y résoudre, et ne savait comment s'y prendre. Après avoir un peu rêvé, il fit remplir d'eau une grande coupe, mais si bien remplie, qu'une goutte de

plus eût fait déborder la liqueur; puis il fit signe qu'on
introduisît le candidat. Il parut avec cet air simple et modeste qui annonce presque toujours le vrai
mérite. Le président se leva, et, sans proférer une seule
parole, il lui montra d'un air affligé la coupe embléma-
tique, cette coupe si exactement pleine. Le docteur
comprit de reste qu'il n'y avait plus de place à l'Académie; mais, sans perdre courage, il songeait à faire comprendre qu'un académicien surnuméraire n'y dérangerait
rien. Il voit à ses pieds une feuille de rose, il la ramasse,
il la pose délicatement sur la surface de l'eau, et fait
si bien qu'il n'en échappe pas une seule goutte.

A cette réponse ingénieuse, tout le monde battit des
mains, on laissa dormir les règles pour ce jour-là, et le
docteur Zeb fut reçu par acclamation. On lui présenta sur-
le-champ le registre de l'Académie où les récipiendaires
devaient s'inscrire eux-mêmes. Il s'y inscrivit donc; et il
ne lui restait plus qu'à prononcer, selon l'usage, une
phrase de remerciement. Mais, en académicien vraiment
silencieux, le docteur Zeb remercia sans dire mot : il
écrivit en marge le nombre cent, c'était celui de ses nouveaux confrères; puis, en plaçant un zéro devant le chiffre, il écrivit au-dessous : *Ils n'en vaudront ni moins ni
plus* (0,100). Le président répondit au modeste docteur
avec autant de politesse que de présence d'esprit. Il mit
le chiffre un devant le nombre cent, et il écrivit : *Ils en
vaudront dix fois davantage* (1,100).

L'abbé BLANCHET, *Apologues orientaux.*

LII.

CATILINA, CATON ET CICÉRON.

(Catilina entre brusquement par le milieu du sénat qui se lève à son
aspect; un moment après chacun reprend sa place.)

CATILINA.

La mort? A ce décret je crois me reconnaître.

CATON.

Tu le devrais du moins puisqu'il regarde un traitre.

CATILINA.

Je ne sais qui des deux, dans ce commun effroi,
Rome doit le plus craindre ou de vous ou de moi :
Je la sauve, et Caton la perd par un faux zèle.

CICÉRON.

Téméraire! au sénat quel ordre vous appelle?

CATILINA.

Et qui m'empêcherait, seigneur, de m'y montrer?
Sont-ce les ennemis que j'y puis rencontrer?
Je n'en redoute aucun, ni Caton, ni vous-même.

CICÉRON.

Quoi! vous joignez encore à cette audace extrême
Celle d'oser paraître en armes dans ces lieux?

CATILINA.

Que mes armes, consul, ne blessent point vos yeux.
Mais sur ce nouveau crime avant que de répondre,

Souffrez, sur d'autres points, que j'ose vous confondre :
Auriez-vous oublié que je vous l'ai promis ?
Quoiqu'à votre pouvoir vous ayez tout soumis,
J'espère cependant qu'on daignera m'entendre,
Et c'est en citoyen que je vais me défendre.
J'abdique pour jamais le rang de sénateur;
Pardonnez, Cœpion, Crassus, et vous, préteur;
Antoine, à votre tour, souffrez que je vous nomme
Parmi les ennemis du sénat et de Rome.
César ne paraît point, mais je vois Céthégus,
Il ne nous manque plus ici qu'un Spartacus;
Car entre nous et lui, grace à son imprudence,
Le vertueux Caton met peu de différence.
Eh bien! pères conscrits, êtes-vous rassurés?
Vous voyez d'un coup-d'œil l'état des conjurés,
Leurs chefs et leurs soldats, cette nombreuse armée
Dont Rome en ce moment est si fort alarmée,
Ces périls enfantés par les folles erreurs
D'un témoin dont Tullie adopte les fureurs;
C'est sur ce seul témoin qu'une beauté si chère
Me croit dans le dessein d'assassiner son père,
D'égorger le sénat, et vous le croyez tous?
Malheureux que je suis d'être né parmi vous!
Sylla vous méprisait, et moi je vous déteste :
De nos premiers tyrans vous n'êtes qu'un vil reste,
Juges sans équité, magistrats sans pudeur,
Qui de vous commander voudrait se faire honneur?
Et vous me soupçonnez d'aspirer à l'empire!
Inhumains acharnés sur tout ce qui respire,
Qui, depuis si long-temps, tourmentez l'univers!
Je hais trop les tyrans pour vous donner des fers.

CATON.

A quoi te servirait cette troupe cruelle
Que ton palais impur et vomit et recèle,
Qui le jour et la nuit semant partout l'effroi,
Ministres odieux de tes fureurs.....

CATILINA.

Tais-toi.

Il est vrai qu'autrefois, plus jeune et plus sensible,
Vous l'avez ignoré, ce projet si terrible,
Vous l'ignorez encor : je formai le dessein
De vous plonger à tous un poignard dans le sein.
L'objet qui vous dérobe à ma juste colère
Ne parlait point alors en faveur de son père ;
Mais un autre penchant, plus digne d'un Romain,
M'arrache tout à coup le glaive de la main.
Je sentis malgré moi l'amour de la patrie
S'armer pour des cruels indignes de la vie.
Aujourd'hui que tout doit rassurer les esprits,
Une femme en fureur les trouble par ses cris ;
A ses transports jaloux tout s'alarme, tout tremble,
Et c'est pour les servir que le sénat s'assemble !
C'est sur ces vains rapports qu'un homme impétueux
Veut perdre ce que Rome eut de plus vertueux ?
Orgueilleux citoyen dont l'austère sagesse
Est moins principe en lui qu'un fruit de sa rudesse ;
Tyran républicain, qui, malgré sa vertu,
Est le plus dangereux que Rome ait jamais eu ;
Par lui seul d'entre nous la concorde est bannie ;
C'est lui qui du sénat détruisant l'harmonie,
Fomente la chaleur de nos divisions,
Et nous force d'avoir recours aux factions ;
Mais il veut gouverner, hé bien ! qu'il vous gouverne,

Qu'il triomphe à son gré d'un sénat subalterne,
Qui, lâche déserteur de son autorité,
N'en a plus que l'orgueil pour toute dignité.
Et quel est aujourd'hui l'ordre de vos comices :
Le tumulte et l'effroi n'en sont que les prémices.
De chaque élection le meurtre est le signal,
Vos préteurs égorgés au pied du tribunal,
Un consul tout sanglant, mais trop juste victime
D'un peuple malheureux qu'à son tour il opprime.
Tous vos souhaits souillés par des assassinats!
Ainsi furent nommés vos derniers magistrats :
C'est ainsi qu'on élit ou que l'on sait exclure,
Et qu'on osa me faire une mortelle injure.
Le plébéien s'élève, et le patricien
Se donne, sans rougir, un père plébéien ;
Et pour l'adoption où l'intérêt l'entraîne,
Vous laissez profaner la majesté romaine.
Le voilà ce sénat, le protecteur des lois ;
Dont l'exemple aurait dû diriger tous les rois ;
Le voilà ce sénat qui fait trembler la terre,
Et qui dispute aux dieux le dépôt du tonnerre.
La justice, autrefois votre divinité,
Ne règne plus ici que pour l'impunité;
La décence, les lois, la liberté publique,
Tout est mort sous le joug d'un pouvoir tyrannique,
Caton est devenu notre législateur,
L'idole des Romains. ....

CICÉRON.

                   Et vous le destructeur,
Traître; si le sénat vous eût rendu justice,
Vos jours n'auraient été qu'un éternel supplice;
Mais si je puis encor faire entendre ma voix,

Vous ne braverez plus la faiblesse des lois.

CATILINA.

Eh bien ! pour achever de confondre un coupable,
Qu'on offre à mes regards ce témoin redoutable,
De vos soins pénétrans monument précieux,
Cette esclave qui peut me convaincre à vos yeux ;
D'où vient qu'en ce moment vous me cachez Fulvie ?
Manlius aurait-il disposé de sa vie ?
Car elle fut toujours l'ame de ses secrets.

CICÉRON.

Laissons là Manlius, parlons de vos projets :
On ne connaît que trop vos lâches artifices.
Tremblez, séditieux, pour vous, pour vos complices,
Vous êtes convaincu, le crime est avéré ;
Déjà sur votre sort on a délibéré ;
Vos forfaits n'ont que trop lassé notre indulgence.

CATILINA.

Je vais de ce discours réprimer l'insolence.
Vous pensez, je le vois, qu'en tremblant pour mes jours,
A des subtilités je veuille avoir recours.
Et qu'ai-je à redouter de votre jalousie ?
Ainsi ne croyez pas que je me justifie.
Imprudens ! savez-vous, si j'élevais la voix,
Que je vous ferais tous égorger à la fois !
Instruit de votre haine et de mon innocence,
Tout le peuple à grands cris m'excite à la vengeance ;
Mais (je n'imite pas les fureurs de Caton,
Et je laisse la peur au sein de Cicéron)
Je n'aurais, pour punir votre coupable audace,
Qu'à vous abandonner au coup qui vous menace.
Sans m'armer contre vous d'un secours étranger,
Me taire encore un jour suffit pour me venger.

10

Et vous me condamnez, insensés que vous êtes,
Moi qui retiens le fer suspendu sur vos têtes ;
Moi qui, sans me charger d'un projet odieux,
N'ai qu'à laisser agir Manlius et les dieux ;
Moi qui, pouvant me mettre à couvert de l'orage,
M'expose pour sauver un consul qui m'outrage :
    (Montrant Cicéron)
J'ai causé par malheur votre premier effroi,
Et dans tous les complots vous ne voyez que moi.
Il en est cependant dont vous devez tout craindre.
Que vous êtes aveugle, et que Rome est à plaindre !
Laissons là Manlius. Consul peu vigilant !
Tandis que Rome touche à son dernier instant,
Qu'au plus affreux danger le sénat est en proie,
Qu'on va faire de Rome une seconde Troie ;
Lorsque vous ne songez qu'à me faire périr,
Ingrats ! sur vos malheurs je me sens attendrir.
Je sens en ce moment l'amour de la patrie
Reprendre dans mon cœur une nouvelle vie ;
Et votre aveuglement me fait trop de pitié,
Pour vous sacrifier à mon inimitié.

                CICÉRON.

Eh bien ! rompez, seigneur, un si cruel silence ;
Punissez en Romain l'ingrat qui vous offense.
En faveur de vous-même osez tout oublier,
Et sauvez le sénat pour nous humilier.

                CATILINA.

Je n'ai point attendu l'instant du sacrifice
Pour servir ce sénat qui m'envoie au supplice ;
Depuis huit jours entiers j'assemble mes amis.
Les voilà ces complots que je me suis permis !
Mais malgré tous les soins d'une ame généreuse,

Ils m'ont fait soupçonner d'une trame honteuse !
Armés sans différer, prévenez l'attentat,
Si vous voulez sauver la ville et le sénat.
Celui qui hors des murs commande vos cohortes,
Manlius, dès ce soir doit attaquer vos portes.

CICÉRON.

Manlius ?

CATILINA.

Oui, consul, craignez qu'avant la nuit,
Aux dépens de vos jours, on n'en soit trop instruit.
Je vous ai déclaré le chef de l'entreprise,
Veillez, ou de sa part craignez quelque surprise :
Je n'ai pu découvrir le reste du parti,
C'est à vous d'y penser, vous êtes averti.
Manlius vous trahit ; c'était pour vous défendre
Qu'en armes dans ces lieux j'étais venu me rendre,
Et non pour vous punir de m'avoir outragé.
En combattant pour vous, je suis assez vengé.
Vous pouvez désormais ou douter ou me croire ;
J'ai rempli mon devoir et satisfait ma gloire.
Mes amis sont tous prêts, vous pouvez les armer ;
Leur qualité n'a rien qui vous doive alarmer ;
Vous les connaissez tous ; songez au Capitole,
Garnissez l'Aventin, les portes de Pouzolle ;
Il faut garder surtout le pont Sublicien,
Le quartier de Caton et veiller sur le mien ;
Car le plus grand effort de ce complot funeste
Eclatera sans doute aux portes de Preneste,
Et mon palais y touche : on peut s'y soutenir ;
Du moins un long combat pourra s'y maintenir.
Vous paraissez émus, et rougissez peut-être
D'avoir pu si long-temps me voir sans me connaître.

Après tant de mépris, après tant de refus,
Tant d'affronts si sanglans dont vous êtes confus,
Aurais-je triomphé de votre défiance ?
Non, j'en ai fait souvent la triste expérience,
On ne guérit jamais d'un violent soupçon :
L'erreur qui le fit naître en nourrit le poison ;
Et, dans tout intérêt, la vertu la plus pure
Peut être quelquefois suspecte d'imposture.
Mais pour calmer les cœurs, je sais un sûr moyen,
Qui vous convaincra tous que je suis citoyen.
On connaît Cicéron, et sa vertu sublime
A su dans tous les temps lui gagner votre estime ;
Il en est digne aussi par sa fidélité.
Caton vous est connu par sa sévérité.
Cicéron ou Caton, l'un des deux, ne m'importe :
Je vais dès ce moment sans amis, sans escorte,
Me mettre en leur pouvoir. Choisissez l'un des deux,
Ou le plus défiant ou le plus rigoureux ;
Je veux que de mon sort on le laisse le maître,
Qu'il me traite en héros, ou me punisse en traître.
Souffrez que, sans tarder, je remette en ses mains
Un homme, la terreur ou l'espoir des Romains.

CATON.

Catilina, je crois que tu n'es point coupable ;
Mais, si tu l'es, tu n'es qu'un homme détestable ;
Car je ne vois en toi que l'esprit et l'éclat
Du plus grand des mortels ou du plus scélérat.

CICÉRON.

Catilina, daignez reprendre votre place ;
De vos soins par ma voix le sénat vous rend grace.
Vous êtes généreux, devenez aujourd'hui,
Ainsi que notre espoir, notre plus ferme appui ;

Nos injustes soupçons n'ont plus besoin d'ôtage ;
D'un homme tel que vous la gloire est le seul gage.
Vous, sénateurs, veillez à notre sûreté,
Il s'agit du sénat et de la liberté ;
Courons, sans différer, où l'honneur nous appelle.
Adieu, Catilina, j'attends de votre zèle
Tous les secours qu'on doit attendre d'un grand cœur ;
Rome a besoin de vous et de votre valeur ;
Combattez seulement, ma crainte est dissipée.

CATILINA, *regardant sortir Cicéron.*

Va, ma valeur bientôt sera mieux occupée ;
Elle n'aspire plus qu'à te percer le sein.

CRÉBILLON, *Catilina*, acte IV, scène 2.

LIII.

Le Paysan du Danube.

Il ne faut point juger des gens sur l'apparence.
Le conseil en est bon, mais il n'est pas nouveau.
Jadis l'erreur du souriceau
Me servit à prouver le discours que j'avance :
J'ai, pour le fonder à présent,
Le bon Socrate, Ésope, et certain paysan
Des rives du Danube, homme dont Marc-Aurèle
Nous fait un portrait fort fidèle.
On connaît les premiers : quant à l'autre, voici
Le personnage en raccourci :
Son menton nourrissait une barbe touffue ;
Toute sa personne velue
Représentait un ours, mais un ours mal léché ;
Sous un sourcil épais il avait l'œil caché,
Le regard de travers, nez tortu, grosse lèvre,

10.

Portait sayon de poil de chèvre,
Et ceinture de joncs marins.
Cet homme, ainsi bâti, fut député des villes
Que lave le Danube. Il n'était point d'asiles
Où l'avarice des Romains
Ne pénétrât alors, et ne portât les mains.
Le député vint donc, et fit cette harangue :

Romains, et vous sénat, assis pour m'écouter,
Je supplie, avant tout, les Dieux de m'assister :
Veuillent les immortels, conducteurs de ma langue,
Que je ne dise rien qui doive être repris !
Sans leur aide il ne peut entrer dans les esprits
Que tout mal et toute injustice :
Faute d'y recourir on viole leurs lois.
Témoins nous que punit la romaine avarice :
Rome est, par nos forfaits, plus que par ses exploits,
L'instrument de notre supplice.
Craignez, Romains, craignez que le ciel quelque jour
Ne transporte chez vous les pleurs et la misère ;
Et mettant en nos mains, par un juste retour,
Les armes dont se sert sa vengeance sévère,
Il ne vous fasse, en sa colère,
Nos esclaves à votre tour.
Et pourquoi sommes-nous les vôtres ? Qu'on me die
En quoi vous valez mieux que cent peuples divers ?
Quel droit vous a rendus maîtres de l'univers ?
Pourquoi venir troubler une innocente vie ?
Nous cultivons en paix d'heureux champs, et nos mains
Étaient propres aux arts, ainsi qu'au labourage.

Qu'avez-vous appris aux Germains ?
Ils ont l'adresse et le courage ;

S'ils avaient eu l'avidité,
Comme vous, et la vio'ence,
Peut-être, en votre place, ils auraient la puissance,
Et sauraient en user sans inhumanité.
Celle que vos préteurs ont sur nous exercée
N'entre qu'à peine en la pensée.
La majesté de vos autels
Elle-même en est offensée ;
Car sachez que les immortels
Ont les regards sur nous. Graces à vos exemples,
Ils n'ont devant les yeux que des objets d'horreur,
De mépris d'eux et de leurs temples,
D'avarice qui va jusques à la fureur.
Rien ne suffit aux gens qui nous viennent de Rome :
La terre et le travail de l'homme
Font, pour les assouvir, des efforts superflus.
Retirez-les : on ne veut plus
Cultiver pour eux les campagnes.

Nous quittons les cités ; nous fuyons aux montagnes ;
Nous laissons nos chères compagnes ;
Nous ne conversons plus qu'avec des ours affreux,
Découragés de mettre au jour des malheureux,
Et de peupler, pour Rome, un pays qu'elle opprime.
Quant à nos enfans déjà nés,
Nous souhaitons de voir leurs jours bientôt bornés :
Vos préteurs au malheur nous font joindre le crime.
Retirez-les : ils ne nous apprendront
Que la mollesse et que le vice.
Les Germains, comme eux deviendront '
Gens de rapine et d'avarice :
C'est tout ce que j'ai vu dans Rome à mon abord.

N'a-t-on point de présent à faire ?
Point de pourpre à donner? c'est en vain qu'on espère
Quelque refuge aux lois : encor leur ministère
A-t-il mille longueurs. Ce discours un peu fort
    Doit commencer à vous déplaire.
    Je finis. Punissez de mort
    Une plainte un peu trop sincère.
A ces mots, il se couche ; et chacun, étonné,
Admire le grand cœur, le bon sens, l'éloquence
    Du sauvage ainsi prosterné.
On le créa patrice, et ce fut la vengeance
Qu'on crut qu'un tel discours méritait. On choisit
    D'autres préteurs ; et par écrit
Le sénat demanda ce qu'avait dit cet homme,
Pour servir de modèle aux parleurs à venir.
    On ne sut pas long-temps à Rome
    Cette éloquence entretenir.

La Fontaine.

LIV.

Le Paradis terrestre.

Hélas! avant ce jour qui perdit ses neveux (Adam),
Tous les plaisirs couraient au-devant de ses vœux :
La faim aux animaux ne faisait point la guerre ;
Le blé, pour se donner, sans peine ouvrant la terre,
N'attendait pas qu'un bœuf, pressé de l'aiguillon,
Traçât à pas tardifs un pénible sillon ;
La vigne offrait partout des grappes toujours pleines,
Et des ruisseaux de lait serpentaient dans les plaines.

Boileau, Epitre III.

LV.

Les Vendanges.

Vers la gauche, un riche et immense vignoble étale ses trésors. Le dieu du vin et celui des amours saluent à l'envi leur domaine : tous deux sourient d'espérance. De joyeux vendangeurs ont déjà signalé, depuis l'aube du jour, leur bruyante allégresse par des ritournelles redoublées, et les actives vendangeuses à genoux, ou penchées près des ceps, détachent les grappes parfumées, et les entassent dans des paniers ; ensuite des enfans et des jeunes filles les versent dans des hottes déjà humides et arrosées de ce jus dont l'innocence apparente et la perfide douceur, semblables aux décevantes promesses du malicieux amour, recèlent les élémens du délire et des querelles odieuses.

Non loin de là, on voit un groupe d'autres jeunes filles qui s'amusent à charger outre mesure un pauvre villageois dont la physionomie un peu naïve excite le rire et la malice de l'essaim folâtre. Il fléchit sous le faix, il chancelle, le coteau est rapide ; mais il se cramponne, il s'arrête à propos, et parvient sans accident jusqu'à la cuve, où il jette, d'un seul coup d'épaule, son lourd fardeau.

Une des jeunes espiègles, qui s'était montrée plus impitoyable que ses compagnes, éprouve un sort moins prospère. Son pied délicat se pose étourdiment sur une grappe de raisin, elle glisse : en vain elle étend les bras, en vain elle se balance pour rétablir l'équilibre ; elle tombe, et sa chute fut telle, qu'après s'être relevée à la hâte, elle courut cacher son visage dans le sein de sa mère.

Plus loin, un des vendangeurs déjà sur le retour fuit les atteintes d'une jeune fille à qui il vient d'adresser quelques paroles un peu libres. La jeune vendangeuse le poursuit : il veut esquiver son approche; elle le joint, le saisit, et, pour se venger, elle presse sur son visage barbu plusieurs grappes de raisin dont elle s'était armée dans sa course : il détourne la tête ; mais il n'en reçoit pas moins sur son front, dans ses yeux, la liqueur exprimée par la main de sa folâtre ennemie, qui, hors d'haleine, vole rejoindre ses compagnes.

Au pied du coteau, on voyait assis auprès d'une table, et sous une épaisse feuillée, un groupe de vieillards qui, avec du vin et de jeunes pensées, se consolaient entre eux des ravages du temps. Ces souvenirs, ces douces réverbérations de la jeunesse sur l'âge avancé, semblables aux derniers rayons du soleil dans une soirée d'hiver, régénèrent, par une sorte de palingénésie, hélas! trop fugitive, les premières émotions de la vie. C'est ainsi que l'astre du jour réchauffe de ses feux décroissans les membres appesantis du vieillard qui ne peut s'en approcher qu'avec lenteur, et qui ne les voit pas sans regret disparaître sous l'horizon. Enfin, avoir vu, avoir éprouvé, le dire, c'est voir, c'est éprouver encore. De là ces épanchemens, ces ineffables effusions du cœur, ces doux projets pour l'avenir. Le père, jusqu'alors indécis, accorde, en remplissant le verre de son vieux voisin, sa fille bien-aimée au fils de son ancien ami, et l'Amour, du haut des airs, sourit au dieu des vendanges.

POUGENS.

LVI.

Ode au Roi.

Moi, prodiguer aux grands de serviles hommages,
Et dans mes humbles vers mendier leurs outrages!
Non, non; l'art des neuf sœurs est-il l'art de flatter?
Hélas! jamais ces grands leur daignent-ils sourire,
    Et d'une fleur parer la lyre
    Qui s'avilit à les chanter?

Ainsi ces dieux de bronze, enfans de l'ignorance,
Ouvrent les yeux sans voir celui qui les encense;
N'entendent ni ses vœux ni ses accords flatteurs,
Dorment sur leurs autels, quand l'homme les réclame;
    Dieux vains dont le culte diffame
    Leurs insensés adorateurs.

Heureux qui, satisfait de lumières bornées,
A d'utiles travaux consacre ses années,
Ignorant le désir d'éterniser son nom!
Malheureux qui se voue aux nymphes du Permesse,
    S'il ne possède pour richesse
    Qu'un grand cœur et son Apollon.

Ils ne sont plus ces jours où ces muses chéries,
Sous l'appui des héros, par des routes fleuries,
Ainsi qu'à la fortune arrivaient aux honneurs;
Sur le monde en tyran le vice altier domine,
    Et des arts toujours la ruine
    Suit de près la perte des mœurs.

O crime! ô des mortels ingratitude extrême!
Le citoyen, les rois, les états, le ciel même,
Tout reçoit de nos chants le renom glorieux,
Et, pour vivre jouet du mépris populaire,
    Il suffit, aux yeux du vulgaire,
    De parler la langue des dieux.

Fuyez, semez les champs de vos lyres brisées,
Muses, fuyez des lieux où vos voix méprisées
Ne sauraient plus fléchir les destins irrités;
Ces bois, du fier sauvage empire immense et sombre
    Vous offrent déjà sous leur ombre
    Un temple que vous méritez.

Jadis vaste forêt, notre univers barbare,
Voyait, comme ces bords dont la mer nous sépare,
L'homme errer habitant des antres ténébreux....
Vous chantez; nos forêts, nos déserts s'embellissent,
    Et les rochers s'enorgueillissent
    Changés en palais fastueux.

Que d'empires naissans, de cités florissantes!
Partout règnent les mœurs, partout les lois prudentes
Gouvernent d'un frein d'or peuples et potentats;
La victoire les suit: souveraine des ondes,
    L'Europe enferme les deux mondes
    Dans l'enceinte de ses états.

Ce que vous avez pu, vous le pouvez encore.
Tremble, Europe! ah! bientôt l'éclat qui te décore
Va suivre les neufs sœurs dans ces mondes nouveaux.
Oui, tremble: c'en est fait, le dieu des arts se venge;
    La nuit sombre en jour pur se change;
    Tes esclaves sont tes rivaux.

Je vois, je vois de loin l'Amérique étonnée
Sortir du fond des eaux de villes couronnée,
Les forêts du Mexique errantes sur nos mers,
Les mers couvrir nos bords de nations armées,
    Nos campagnes de morts semées,
    L'Europe entière dans les fers.

Dieux ! éloignez de nous ces funestes ravages ;
Restez, Muses, daignez embellir nos rivages,
La France a relevé vos autels abattus;
Sous l'ombrage des lis brille un jeune monarque
    Qui, près de son trône, vous marque
    Une place ainsi qu'aux vertus.

Par lui de l'Hélicon l'indigence bannie
N'osera plus trancher les ailes du génie :
Prompt à toucher le ciel de son front radieux,
Il commande ; et, suivis d'un respect légitime,
    Voyez les arts, par son estime,
    Vengés d'un mépris odieux.
                       GILBERT.

LVII.

Le roi Alphonse.

Certain roi qui régnait sur les rives du Tage,
    Et que l'on surnomma le Sage,
    Non, parce qu'il était prudent,
    Mais parce qu'il était savant,
Alphonse fut surtout un habile astronome :
Il connaissait le ciel bien mieux que son royaume,
    Et quittait souvent son conseil

Pour la lune ou pour le soleil.
Un soir qu'il retournait à son observatoire,
    Entouré de ses courtisans :
Mes amis, disait-il , enfin j'ai lieu de croire
    Qu'avec mes nouveaux instrumens
Je verrai cette nuit des hommes dans la lune.
    Votre majesté les verra,
Répondait-on ; la chose est même trop commune,
    Elle doit voir mieux que cela.

Pendant tous ces discours, un pauvre dans la rue,
S'approche en demandant humblement, chapeau bas,
Quelques maravédis; le roi ne l'entend pas,
Et sans le regarder son chemin continue.
Le pauvre suit le roi, toujours tendant la main,
Toujours renouvelant sa prière importune ;
Mais, les yeux vers le ciel, le roi, pour tout refrain,
Répétait : Je verrai des hommes dans la lune.
    Enfin le pauvre le saisit
Par son manteau royal, et gravement lui dit :
Ce n'est pas de là haut, c'est des lieux où nous sommes
    Que Dieu vous a fait souverain :
Regardez à vos pieds; là vous verrez des hommes,
    Et des HOMMES MANQUANT DE PAIN.
                                    FLORIAN.

LVIII.

Péroraison de l'éloge de Marc-Aurèle.

« Quand le dernier terme approcha , il ne fut point
étonné. Je me sentais élevé par ses discours. Romains, le

grand homme mourant a je ne sais quoi d'imposant et
d'auguste. Il semble qu'à mesure qu'il se détache de la
terre, il prend quelque chose de cette nature divine et
inconnue qu'il va rejoindre. Je ne touchais ses mains dé-
faillantes qu'avec respect ; et le lit funèbre où il attendait la mort me semblait une espèce de sanctuaire.

« Cependant l'armée était consternée, le soldat gémissait
sous ses tentes ; la nature elle-même semblait en deuil ;
le ciel de la Germanie était plus obscur ; des tempêtes
agitaient la cime des forêts qui environnaient le camp :
et ces objets lugubres semblaient ajouter encore à
notre désolation.

« Il voulut quelque temps être seul, soit pour repasser sa
vie en présence de l'Être-Suprême, soit pour méditer
encore une fois avant que de mourir. Enfin, il nous fit
appeler. Tous les amis de ce grand homme et les princi-
paux de l'armée vinrent se ranger autour de lui ; il était
pâle, les yeux presque éteints, et les lèvres à demi-glacées.
Cependant nous remarquâmes tous une tendre inquiétude
sur son visage. Prince, il parut se ranimer un moment
pour toi. Sa main mourante te présenta à tous ces vieillards qui avaient servi sous lui. Il leur recommanda ta
jeunesse. « Servez-lui de père, leur dit-t-il, ah! servez-
« lui de père ! » Alors il te donna des conseils tels que
Marc-Aurèle mourant devait les donner, et bientôt après
Rome et l'univers le perdirent. »

A ces mots, tout le peuple romain demeura morne et
immobile. Apollonius se tut, ses larmes coulèrent. Il se
laissa tomber sur le corps de Marc-Aurèle ; il le serra
long-temps entre ses bras, et se relevant tout-à-coup :
« Mais toi qui vas succéder à ce grand homme, ô fils de
Marc-Aurèle ! ô mon fils, permets ce nom à un vieillard

qui t'a vu naître, et qui t'a tenu enfant dans ses bras ; songe au fardeau que t'ont imposé les dieux ; songe aux devoirs de celui qui commande, aux droits de ceux qui obéissent. Destiné à régner, il faut que tu sois ou le plus juste ou le plus coupable des hommes. Le fils de Marc-Aurèle aurait-il à choisir ?

« On te dira bientôt que tu es tout-puissant; on te trompera : les bornes de ton autorité sont dans la loi. On te dira encore que tu es grand, que tu es adoré de tes peuples. Écoute : quand Néron eut empoisonné son frère, on lui dit qu'il avait sauvé Rome; quand il eut fait égorger sa femme, on loua devant lui sa justice; quand il eut assassiné sa mère, on baisa sa main parricide, et l'on courut aux temples remercier les dieux. Ne te laisse pas éblouir par des respects. Si tu n'as des vertus, on te rendra des hommages, et l'on te haïra. Crois-moi, on n'abuse point les peuples. La justice, outragée veille dans les cœurs. Maître du monde, tu peux m'ordonner de mourir, mais non de t'estimer. O fils de Marc-Aurèle ! pardonne : je te parle au nom des dieux, au nom de l'univers qui t'est confié; je te parle pour le bonheur des hommes et pour le tien. Non, tu ne seras point insensible à une gloire si pure. Je touche au terme de ma vie ; bientôt j'irai rejoindre ton père. Si tu dois être juste, puissé-je vivre encore assez pour contempler tes vertus ! Si tu devais un jour...... »

Tout-à-coup Commode, qui était en habit de guerrier, agita sa lance d'une manière terrible. Tous les Romains pâlirent. Apollonius fut frappé des malheurs qui menaçaient Rome. Il ne put achever. Ce vénérable vieillard se voila le visage. La pompe funèbre qui avait été suspendue reprit sa marche. Le peuple suivit, consterné et dans un

profond silence. Il venait d'apprendre que Marc-Aurèle
était tout entier dans le tombeau.

THOMAS.

LIX.

Le Vieillard

ET LES TROIS JEUNES HOMMES.

Un octogénaire plantait.
Passe encor de bâtir, mais planter à cet âge !
Disaient trois jouvenceaux (1), enfans du voisinage :
    Assurément il radotait.
    Car, au nom des dieux, je vous prie,
Quel fruit de ce labeur pouvez-vous recueillir ?
Autant qu'un patriarche il vous faudrait vieillir.
    A quoi bon charger votre vie
Des soins d'un avenir qui n'est pas fait pour vous ?
Ne songez désormais qu'à vos erreurs passées ;
Quittez le long espoir et les vastes pensées :
    Tout cela ne convient qu'à nous.

    Il ne convient pas à vous-mêmes,
Repartit le vieillard. Tout établissement
Vient tard et dure peu. La main des Parques blêmes
De vos jours et des miens se joue également.
Nos termes sont pareils par leur courte durée.
Qui de nous des clartés de la voûte azurée
Doit jouir le dernier ? Est-il aucun moment

---

(1) *Jouvenceaux*, jeunes gens ; style badin.

11.

Qui vous puisse assurer d'un second seulement ?
Mes arrière-neveux me devront cet ombrage :
  Hé bien ! défendez-vous au sage
De se donner des soins pour le plaisir d'autrui ?
Cela même est un fruit que je goûte aujourd'hui :
J'en puis jouir demain , et quelques jours encore ;
  Je puis enfin compter l'aurore
  Plus d'une fois sur vos tombeaux.

Le vieillard eut raison : l'un des trois jouvenceaux
Se noya dès le port, allant à l'Amérique ;
L'autre, afin de monter aux grandes dignités,
Dans les emplois de Mars servant la république,
Par un coup imprévu vit ses jours emportés ;
  Le troisième tomba d'un arbre
  Que lui-même il voulut enter :
Et, pleurés du vieillard , il grava sur leur marbre (1)
  Ce que je viens de raconter.

LA FONTAINE.

LX.

Passage du Rhin.

Au pied du mont Adulle, entre mille roseaux ,
Le Rhin tranquille et fier du progrès de ses eaux ,
Appuyé d'une main sur son urne penchante,
Dormait au bruit flatteur de son onde naissante,
Lorsqu'un cri tout-à-coup suivi de mille cris

---

(1) *Sur leur marbre*, sur leur tombeau : on couvre quelque-fois les tombes de marbre.

Vient d'un calme si doux retirer ses esprits.
Il se trouble, il regarde, et partout sur ses rives
Il voit fuir à grands pas ses Naïades craintives,
Qui, toutes accourant vers leur humide roi,
Par un récit affreux redoublent son effroi.
Il apprend qu'un héros conduit par la Victoire,
A de ses bords fameux flétri l'antique gloire ;
Que Rimberg et Wesel, terrassés en deux jours,
D'un joug déjà prochain menacent tout son cours.

Nous l'avons vu, dit l'une, affronter la tempête
De cent foudres d'airain tournées contre sa tête.
Il marche vers Tholus, et tes flots en courroux,
Au prix de sa fureur, sont tranquilles et doux.
Il a de Jupiter la taille et le visage ;
Et, depuis ce Romain dont l'insolent passage
Sur un pont en deux jours trompa tous les efforts,
Jamais rien de si grand n'a paru sur tes bords.
Le Rhin tremble et frémit à ces tristes nouvelles ;
Le feu sort à travers ses humides prunelles :
« C'est donc trop peu, dit-il, que l'Escaut en deux mois
« Ait appris à couler sous de nouvelles lois ;
« Et de mille remparts mon onde environnée
« De ces fleuves sans nom suivra la destinée !
« Ah ! périssent mes eaux, ou par d'illustres coups
« Montrons qui doit céder des mortels ou de nous. »
A ces mots essuyant sa barbe limoneuse,
Il prend d'un vieux guerrier la figure poudreuse :
Son front cicatrisé rend son air furieux,
Et l'ardeur du combat étincelle en ses yeux.
En ce moment il part, et, couvert d'une nue,
Du fameux fort de Skink prend la route connue.

Là, contemplant son cours, il voit de toutes parts
Ses pâles défenseurs par la frayeur épars :
Il voit cent bataillons qui, loin de se défendre,
Attendent sur des murs l'ennemi pour se rendre.
Confus, il les aborde, et renforçant sa voix :
« Grands arbitres, dit-il, des querelles des rois,
« Est-ce ainsi que votre ame, aux périls aguerrie,
« Soutient sur ses remparts l'honneur et la patrie ?
« Votre ennemi superbe, en cet instant fameux,
« Du Rhin, près de Tholus, fend les flots écumeux.
« Du moins en vous montrant sur la rive opposée,
« N'oseriez-vous saisir une victoire aisée ?
« Allez, vils combattans, inutiles soldats,
« Laissez là ces mousquets trop pesans pour vos bras ;
« Et, la faux à la main, parmi vos marécages,
« Allez couper vos joncs et presser vos laitages,
« Ou, gardant les seuls bords qui vous peuvent couvrir,
« Avec moi, de ce pas, venez vaincre ou mourir. »

BOILEAU, Epître IV.

LXI.

Les jeunes Gens

Corrompus de bonne heure sont inhumains et cruels ; le jeune
homme sage jusqu'à vingt ans est le meilleur et le plus aimable
des hommes.

J'ai toujours vu que les jeunes gens corrompus de bonne
heure étaient inhumains et cruels ; leur imagination,
pleine d'un seul objet, se refusait à tout le reste ; ils
ne connaissaient ni pitié ni miséricorde ; ils auraient

sacrifié père et mère, et l'univers entier, au moindre de leurs plaisirs.

Au contraire, un jeune homme élevé dans une heureuse simplicité est porté par les premiers mouvemens de la nature vers les passions tendres et affectueuses: son cœur compatissant s'émeut sur les peines de ses semblables ; il tressaille d'aise quand il revoit son camarade ; ses bras savent trouver des étreintes caressantes, ses yeux savent verser des larmes d'attendrissement ; il est sensible à la honte de déplaire, au regret d'avoir offensé.

Si l'ardeur d'un sang qui s'enflamme le rend vif, emporté, colère, on voit, le moment d'après, toute la bonté de son cœur dans l'effusion de son repentir ; il pleure, il gémit sur la blessure qu'il a faite ; il voudrait, au prix de son sang, racheter celui qu'il a versé : tout son emportement s'éteint, toute sa fierté s'humilie devant le sentiment de sa faute. Est-il offensé lui-même ? au fort de sa fureur, une excuse, un mot le désarme ; il pardonne les torts d'autrui d'aussi bon cœur qu'il répare les siennes. L'adolescence n'est l'âge ni de la vengeance ni de la haine ; elle est celui de la commisération, de la clémence, de la générosité. Oui, je le soutiens, et je ne crains point d'être démenti par l'expérience, un enfant qui n'est pas mal né, et qui a conservé jusqu'à vingt ans son innocence, est, à cet âge, le plus généreux, le meilleur, le plus aimant et le plus aimable de tous les hommes.

J.-J. ROUSSEAU, Émile.

LXII.

Le Monde.

CLÉON.

Oh bon ! quelle folie ! êtes-vous de ces gens
Soupçonneux, ombrageux ? Croyez-vous aux méchans,
Et réalisez-vous cet être imaginaire,
Ce petit préjugé qui ne va qu'au vulgaire ?
Pour moi, je n'y crois pas, soit dit sans intérêt ;
Tout le monde est méchant, et personne ne l'est.
On reçoit et l'on rend, on est à peu près quitte.
Parlez-vous des propos ? Comme il n'est ni mérite,
Ni goût, ni jugement qui ne soit contredit,
Que rien n'est vrai sur rien, qu'importe ce qu'on dit ?
Tel sera mon héros, et tel sera le vôtre :
L'aigle d'une maison n'est qu'un sot dans un autre.
Je dis ici qu'Éraste est un mauvais plaisant ;
Hé bien, on dit ailleurs qu'Éraste est amusant.
Si vous parlez des faits et des tracasseries,
Je n'y vois, dans le fond, que des plaisanteries ;
Et, si vous attachez du crime à tout cela,
Beaucoup d'honnêtes gens sont de ces fripons-là :
L'agrément couvre tout, il rend tout légitime.
Aujourd'hui, dans le monde, on ne connaît qu'un crime :
C'est l'ennui. Pour le fuir, tous les moyens sont bons.
Il gagnerait bientôt les meilleures maisons,
Si l'on s'aimait si fort : l'amusement circule
Par les préventions, les torts, le ridicule.
Au reste, chacun parle et fait comme il l'entend :
Tout est mal, tout est bien, tout le monde est content.

ARISTE.

On n'a rien à répondre à de telles maximes ;
Tout est indifférent pour les ames sublimes.
Le plaisir, dites-vous, y gagne : en vérité,
Je n'ai vu que l'ennui chez la méchanceté.
Ce jargon éternel de la froide ironie,
L'air de dénigrement, l'aigreur, la jalousie,
Ce ton mystérieux, ces petits mots sans fin,
Toujours avec un air qui voudrait être fin,
Ces indiscrétions, ces rapports infidèles,
Ces basses faussetés, ces trahisons cruelles,
Tout cela n'est-il pas, à le bien définir,
L'image de la haine et la mort du plaisir ?
Aussi ne voit-on plus où sont ces caractères,
L'aisance, la franchise et les plaisirs sincères ;
On est en garde, on doute enfin si l'on rira.
L'esprit qu'on veut avoir gâte celui qu'on a.
De la joie et du cœur on perd l'heureux langage
Pour l'absurde talent d'un triste persiflage :
Faut-il donc s'ennuyer pour être du bon air ?

GRESSET. *Le Méchant*, acte IV, scène 5.

LXIII.

L'Ame

S'élève à la connaissance de Dieu par la contemplation de ses
ouvrages.

Les cieux instruisent la terre
A révérer leur auteur.
Tout ce que leur globe enserre

Célèbre un Dieu créateur.
Quel plus sublime cantique
Que ce concert magnifique
De tous les célestes corps!
Quelle grandeur infinie !
Quelle divine harmonie
Résulte de leurs accords!

De sa puissance immortelle
Tout parle, tout nous instruit :
Le jour au jour la révèle,
La nuit l'annonce à la nuit.
Ce grand et superbe ouvrage
N'est point pour l'homme un langage
Obscur et mystérieux :
Son admirable structure
Est la voix de la nature
Qui se fait entendre aux yeux.

Dans une éclatante voûte
Il a placé de ses mains
Ce soleil qui, dans sa route,
Éclaire tous les humains.
Environné de lumière,
Cet astre ouvre sa carrière
Comme un époux glorieux
Qui, dès l'aube matinale,
De sa couche nuptiale
Sort brillant et radieux.

L'univers, à sa présence,
Semble sortir du néant.
Il prend sa course, il s'avance

Comme un superbe géant.
Bientôt sa marche féconde
Embrasse le tour du monde
Dans le cercle qu'il décrit ;
Et, par sa chaleur puissante,
La nature languissante
Se ranime et se nourrit.

O que tes œuvres sont belles ,
Grand Dieu ! quels sont tes bienfaits !
Que ceux qui te sont fidèles
Sous ton joug trouvent d'attraits !
Ta crainte inspire la joie :
Elle assure notre voie ;
Elle nous rend triomphans ;
Elle éclaire la jeunesse,
Et fait briller la sagesse
Dans les plus faibles enfans.

Soutiens ma foi chancelante,
Dieu puissant ; inspire-moi
Cette crainte vigilante
Qui fait pratiquer ta loi.
Loi sainte , loi désirable,
Ta richesse est préférable
A la richesse de l'or ;
Et ta douceur est pareille
Au miel dont la jeune abeille
Compose son cher trésor.

Mais, sans les clartés sacrées,
Qui peut connaître, Seigneur ,
Les faiblesses égarées

12

Dans les replis de son cœur?
Prête-moi tes feux propices;
Viens m'aider à fuir les vices
Qui s'attachent à mes pas;
Viens consumer par ta flamme
Ceux que je vois dans mon ame,
Et ceux que je n'y vois pas.

Si de leur cruel empire
Tu veux dégager mes sens,
Si tu daignes me sourire,
Mes jours seront innocens;
J'irai puiser sur ta trace
Dans les sources de ta grace;
Et, de ses eaux abreuvé,
Ma gloire fera connaître
Que le Dieu qui m'a fait naître
Est le Dieu qui m'a sauvé.

J.-B. ROUSSEAU.

LXIV.

L'Aspect des Pyramides d'Egypte.

La main du temps, et plus encore celle des hommes qui ont ravagé tous les monumens de l'antiquité, n'ont rien pu jusqu'ici contre les pyramides. La solidité de leur construction, et l'énormité de leur masse, les ont garanties de toute atteinte, et semblent leur assurer une durée éternelle. Les voyageurs en parlent tous avec enthousiasme, et cet enthousiasme n'est point exagéré. L'on commence à voir ces montagnes factices, dix-huit lieues avant d'y arriver; elles semblent s'éloigner à mesure qu'on s'en approche; on en est encore à une lieue, et déjà elles dominent tellement sur la tête, qu'on croit être à leur pied; enfin l'on y touche, et rien ne peut exprimer la variété des sensations qu'on y éprouve : la hauteur de leur sommet, la rapidité de leur pente, l'ampleur de leur surface, le poids de leur assiette, la mémoire des temps qu'elles rappellent, le calcul du travail qu'elles ont coûté, l'idée que ces immenses rochers sont l'ouvrage de l'homme, si futil et si faib'e, qui rampe à leur pied; tout saisit à la fois le cœur et l'esprit d'étonnement, de terreur, d'humiliation, d'admiration, de respect.

Mais, il faut l'avouer, un autre sentiment succède à ce premier transport; après avoir pris une si grande opinion de la puissance de l'homme, quand on vient à méditer l'objet de son emploi, on ne jette plus qu'un œil de regret sur son ouvrage; on s'afflige de penser que, pour construire un vain tombeau, il a fallu tourmenter vingt ans une nation entière; on gémit sur la foule d'injustice et de vexations qu'ont dû coûter les corvées onéreuses et du transport, et de la coupe, et de l'entassement de tant de matériaux.

On s'indigne contre l'extravagance des despotes qui ont commandé ces barbares ouvrages; ce sentiment revient plus d'une fois en parcourant les monumens de l'Égypte : ces labyrinthes, ces temples, ces pyramides, dans leur massive structure, attestent bien moins le génie d'un peuple opulent et ami des arts, que la servitude d'une nation tourmentée par le caprice de ses maîtres. Alors on pardonne à l'avarice qui, violant leurs tombeaux, a frustré leur espoir : on ccorde moins de pitié à ces ruines ; et, tandis que l'amateur des arts s'indigne, dans Alexandrie, de voir scier les colonnes des palais pour en faire des meules de moulin, le philosophe, après cette première émotion que cause la perte de toute belle chose, ne peut s'empêcher de sourire à la justice secrète du sort, qui rend au peuple ce qui lui coûta tant de peines, et qui soumet aux plus humbles de ses besoins l'orgueil d'un luxe inutile.

VOLNEY, Voyage en Égypte.

LXV.

Conseils de Dandin à son fils.

Du repos ? Ah ! sur toi tu veux régler ton père ?
Crois-tu qu'un juge n'ait qu'à faire bonne chère,
Qu'à battre le pavé comme un tas de galans,
Courir le bal la nuit, et le jour les brelans ?
L'argent ne nous vient pas si vite que l'on pense.
Chacun de tes rubans me coûte une sentence.
Ma robe vous fait honte. Un fils de juge ! ah ! fi !
Tu fais le gentilhomme : hé ! Dandin, mon ami,
Regarde dans ma chambre et dans ma garde-robe
Les portraits des Dandin : tous ont porté la robe ;
Et c'est le bon parti. Compare prix pour prix
Les étrennes d'un juge à celles d'un marquis :
Attends que nous soyons à la fin de décembre.

Qu'est-ce qu'un gentilhomme ? Un pilier d'antichambre.
Combien en as-tu vu, je dis des plus huppés,
A souffler dans leurs doigts dans ma cour occupés,

Le manteau sur le nez, ou la main dans la poche ;
Enfin, pour se chauffer, venir tourner ma broche ?
Voilà comme on les traite. Hé ! mon pauvre garçon,
De ta défunte mère est-ce là la leçon ?
La pauvre Babonnette ! Hélas ! lorsque j'y pense,
Elle ne manquait pas une seule audience.
Jamais, au grand jamais, elle ne me quitta,
Et Dieu sait bien souvent ce qu'elle en rapporta ;
Elle eût du buvetier emporté les serviettes,
Plutôt que de rentrer au logis les mains nettes.
Et voilà comme on fait les bonnes maisons. Va,
Tu ne seras qu'un sot.

RACINE, comédie des *Plaideurs*, acte 1er, scène 4.

LXVI.

Sur l'Aveuglement des Hommes

DU SIÈCLE.

Qu'aux accens de ma voix la terre se réveille !
Rois, soyez attentifs ; peuples, ouvrez l'oreille.
Que l'univers se taise et m'écoute parler !
Mes chants vont seconder les accords de ma lyre ;
L'esprit saint me pénètre : il m'échauffe, il m'inspire
Les grandes vérités que je vais révéler.

L'homme en sa propre force a mis sa confiance.
Ivre de ses grandeurs et de son opulence,
L'éclat de sa fortune enfle sa vanité.
Mais, ô moment terrible ! ô jour épouvantable !

12.

Où la mort saisira ce fortuné coupable,
Tout chargé des liens de son iniquité.

Que deviendront alors, répondez, grands du monde;
Que deviendront ces biens où votre espoir se fonde,
Et dont vous étalez l'orgueilleuse moisson ?
Sujets, amis, parens, tout deviendra stérile ;
Et, dans ce jour fatal, l'homme, à l'homme inutile,
Ne paiera point à Dieu le prix de sa rançon.

Vous avez vu tomber les plus illustres têtes;
Et vous pourriez encore, insensés que vous êtes,
Ignorer le tribut que l'on doit à la mort?
Non, non; tout doit franchir ce terrible passage,
Le riche et l'indigent, l'imprudent et le sage,
Sujets à même loi, subissent même sort.

D'avides étrangers, transportés d'allégresse,
Engloutissent déjà toute cette richesse,
Ces terres, ces palais de vos noms ennoblis.
Et que vous reste-t-il en ces momens suprêmes ?
Un sépulcre funèbre, où vos noms, où vous-mêmes
Dans l'éternelle nuit serez ensevelis.

Les hommes, éblouis de leurs honneurs frivoles,
Et de leurs vains flatteurs écoutant les paroles,
Ont de ces vérités perdu le souvenir :
Pareils aux animaux farouches et stupides,
Les lois de leur instinct sont leurs uniques guides,
Et pour eux le présent paraît sans avenir.

Un précipice affreux devant eux se présente;
Mais toujours leur raison, soumise et complaisante,

Au devant de leurs yeux met un voile imposteur.
Sous leurs pas cependant s'ouvrent les noirs abîmes,
Où la cruelle mort, les prenant pour victimes,
Frappe ces vils troupeaux dont elle est le pasteur.

Là s'anéantiront ces titres magnifiques,
Ce pouvoir usurpé, ces ressorts politiques,
Dont le juste autrefois sentit le poids fatal.
Ce qui fit leur bonheur deviendra leur torture;
Et Dieu, de sa justice apaisant le murmure,
Livrera ces méchans au pouvoir infernal.

Justes, ne craignez point le vain pouvoir des hommes;
Quelque élevés qu'ils soient, ils sont ce que nous sommes:
Si vous êtes mortels, ils le sont comme vous.
Nous avons beau vanter nos grandeurs passagères,
Il faut mêler sa cendre aux cendres de ses pères;
Et c'est le même Dieu qui nous jugera tous.

J.-B. ROUSSEAU.

LXVII.

Les Ruines de Palmyre.

Le soleil venait de se coucher; un bandeau rougeâtre marquait encore sa trace à l'horizon lointain des monts de la Syrie; la pleine lune, à l'orient, s'élevait sur un fond bleuâtre aux planes rives de l'Euphrate; le ciel était pur, l'air calme et serein; l'éclat mourant du jour tempérait l'horreur de l'*obscurité*; la fraîcheur naissante de la nuit calmait les feux de la terre embrasée; les pâtres avaient retiré leurs chameaux; l'œil n'apercevait plus aucun mouvement sur la plaine monotone et grisâtre ; un vaste silence régnait sur le désert ; seulement, à de longs intervalles, l'on entendait les lugubres cris de quelques oiseaux de nuit et de quelques CHAKALS.....

L'ombre croissait, et déjà, dans le crépuscule, mes regards ne distinguaient plus que les fantômes blanchâtres des colonnes et des murs.... Ces lieux solitaires, cette soirée paisible, cette scène majestueuse, imprimèrent à mon esprit un recueillement religieux. L'aspect d'une grande cité déserte, la mémoire des temps passés, la comparaison de l'état présent, tout éleva mon cœur à de hautes pensées. Je m'assis sur le tronc d'une colonne ; et là, le coude appuyé sur le genou, la tête soutenue sur la main, tantôt portant mes regards sur le désert, tantôt les fixant sur les ruines, je m'abandonnai à une rêverie profonde.

Ici, me dis-je, ici fleurit jadis une ville opulente ; ici fut le siége d'un empire puissant. Oui, ces lieux maintenant si déserts, jadis une multitude vivante animait leur enceinte ; une foule active circulait dans ces routes aujourd'hui solitaires. En ces murs, où règne un morne silence, retentissaient sans cesse le bruit des arts et les cris d'allégresse et de fêtes ; ces marbres amoncelés formaient des palais réguliers ; ces colonnes abattues ornaient la majesté des temples ; ces galeries écroulées dessinaient les places publiques ! Là, pour les devoirs respectables de son culte, pour les soins touchans de sa subsistance, affluait un peuple nombreux. Là, une industrie créateur de jouissances appelait les richesses de tous les climats, et l'on voyait s'échanger la pourpre de TYR pour le fil précieux de la SÉRIQUE ; les tissus moelleux de CACHEMIRE pour les tapis fastueux de la LYDIE ; l'ambre de la BALTIQUE pour les perles et le parfums ARABES; l'or d'OPHIR pour l'étaim de THULE !

Et maintenant, voilà ce qui *existe* de cette ville puissante, un lugubre squelette ! Voilà ce qui reste d'une vaste domination, un souvenir obscur et vain ! Au souvenir bruyant qui se pressait sous ces portiques, a succédé une solitude de mort. Le silence des tombeaux s'est substitué au murmure des places publiques. L'opulence d'une cité de commerce s'est changée en une pauvreté hideuse. Les palais des rois sont devenus le repaire des bêtes fauves ; les troupeaux parquent au seuil des temples, et les reptiles immondes habitent le sanctuaire des dieux !... Ah ! comment s'est éclipsé tant de gloire !.... Comment se sont anéantis tant de travaux !.... Ainsi donc périssent les ouvrages des hommes ! Ainsi s'évanouissent les empires et les nations.

VOLNEY, Les Ruines.

LXVIII.

Le Dieu des bonnes Gens.

Il est un Dieu ; devant lui je m'incline,
Pauvre et content, sans lui demander rien.
De l'univers observant la machine,
J'y vois du mal et n'aime que le bien.
Mais le plaisir à ma philosophie
Révèle assez des cieux intelligens.
Le verre en main gaîment je me confie
    Au Dieu des bonnes gens.

Dans ma retraite, où l'on voit l'indigence,

Sans m'éveiller, assise à mon chevet,
Grace aux amours, bercé par l'espérance,
D'un lit plus doux je rêve le duvet.
Aux dieux des cours qu'un autre sacrifie!
Moi, qui ne crois qu'à des dieux indulgens,
Le verre en main gaîment je me confie
    Au Dieu des bonnes gens.

Un conquérant, dans sa fortune altière,
Se fit un jeu des sceptres et des lois,
Et de ses pieds on peut voir la poussière
Empreinte encor sur le bandeau des rois.
Vous rampiez tous, ô rois qu'on déifie!
Moi, pour braver des maîtres exigeans,
Le verre en main, gaîment je me confie
    Au Dieu des bonnes gens.

Dans nos palais, où, près de la victoire,
Brillaient les arts, doux fruits des beaux climats,
J'ai vu du nord les peuplades sans gloire
De leurs manteaux secouer les frimas.
Sur nos débris Albion nous défie ;
Mais les destins et les flots sont changeans.
Le verre en main, gaîment je me confie
    Au Dieu des bonnes gens.
                BÉRANGER.

LXIX.

Catinat à l'hôtel des Invalides.

L'enclos des Chartreux, qui n'était pas éloigné de sa
demeure, était la promenade qu'il préférait d'ordinaire :

tout ce qui inspirait le calme et le recueillement semblait lui plaire et l'appeler; et, pour un homme qui avait tout fait et tout vu, des hommes qui ont renoncé à tout ne pouvaient pas être un spectacle indifférent. On fut surpris un jour de le voir dans cet enclos, comme autrefois le Sage de Phrygie, jouer avec des enfans. Mais n'est-ce pas ce que fait tous les jours le philosophe, quand il vit avec les passions des hommes? La demeure royale de ces guerriers qui ont donné leurs jours à la patrie, et dont elle nourrit la vieillesse, ce prytanée militaire était aussi l'objet de ses fréquentes visites.

Un enfant (c'était le fils de son homme d'affaires) qui l'avait entendu parler avec éloges de ce vénérable édifice, vint un jour, avec l'empressement naïf de son âge, prier le maréchal de Catinat de le mener à l'Hôtel des Invalides; il y consent, prend l'enfant par la main, le mène avec lui, arrive aux portes. A la vue du maréchal, la garde se range sous les armes, les tambours se font entendre, les cours se remplissent; on répète de tous côtés : VOILA LE PÈRE LA PENSÉE! Ce mouvement, ce bruit, causent à l'enfant quelque frayeur; Catinat le rassure.

« Ce sont, dit-t-il, des marques de l'amitié qu'ont pour moi ces hommes respectables. » Il le conduit partout, lui fait tout voir. L'heure du repas sonne; il entre dans la salle où les soldats s'assemblent; et, avec cette noble simplicité, cette franchise de mœurs guerrières qui rapprochent ceux que le même courage et les mêmes dangers ont rendus égaux: « A la santé, dit-il, de mes anciens camarades! » Il boit et fait boire l'enfant avec lui. Les soldats, debout et découverts, répondent par des acclamations qui le suivent jusqu'aux portes; et il sort, emportant dans son cœur la douce émotion de cette scène, trop au dessus de l'ame d'un enfant, mais dont le récit, conservé dans les mémoires de sa vie, a pour nous, encore aujourd'hui, quelque chose d'attendrissant et d'auguste.

LA HARPE.

LXX.

Songe d'Athalie.

Un songe (me devrais-je inquiéter d'un songe !)
Entretient dans mon cœur un chagrin qui le ronge :
Je l'évite partout, partout il me poursuit.
C'était pendant l'horreur d'une profonde nuit ;
Ma mère Jézabel devant moi s'est montrée,
Comme au jour de sa mort pompeusement parée !
Ses malheurs n'avaient point abattu sa fierté ;
Même elle avait encor cet éclat emprunté
Dont elle eut soin de peindre et d'orner son visage,
Pour réparer des ans l'irréparable outrage :
« Tremble, m'a-t-elle dit, fille digne de moi,
« Le cruel Dieu des Juifs l'emporte aussi sur toi.
« Je te plains de tomber dans ses mains redoutables,
« Ma fille. » En achevant ces mots épouvantables,
Son ombre vers mon lit a paru se baisser,
Et moi je lui tendais les mains pour l'embrasser ;
Mais je n'ai plus trouvé qu'un horrible mélange
D'os et de chair meurtris et traînés dans la fange,
Des lambeaux pleins de sang et des membres affreux,
Que des chiens dévorans se disputaient entr'eux.

. . . . . Dans ce désordre à mes yeux se présente
Un jeune enfant couvert d'une robe éclatante,

Tel qu'on voit des Hébreux les prêtres revêtus
Sa vue a ranimé mes esprits abattus ;
Mais lorsque, revenant de mon trouble funeste,
J'admirais sa douceur, son air noble et modeste,
J'ai senti tout d'un coup un homicide acier
Que le traître en mon sein a plongé tout entier.

De tant d'objets divers le bizarre assemblage
Peut-être du hasard vous paraît un ouvrage :
Moi-même, quelque temps, honteuse de ma peur,
Je l'ai pris pour l'effet d'une sombre vapeur.
Mais de ce souvenir mon ame possédée
A deux fois, en dormant, revu la même idée ;
Deux fois mes tristes yeux se sont vus retracer
Ce même enfant toujours tout prêt à me percer.
Lasse enfin des horreurs dont j'étais poursuivie,
J'allais prier Baal de veiller sur ma vie,
Et chercher du repos aux pieds de ses autels :
Que ne peut la frayeur sur l'esprit des mortels !
Dans le temple des Juifs un instinct m'a poussée,
Et d'apaiser leur Dieu j'ai conçu la pensée :
J'ai cru que des présens calmeraient son courroux,
Que ce Dieu, quel qu'il soit, en deviendrait plus doux

Pontife de Baal, excusez ma faiblesse.
J'entre : le peuple fuit, le sacrifice cesse.
Le grand-prêtre vers moi s'élance avec fureur :
Pendant qu'il me parlait, ô surprise ! ô terreur !
J'ai vu ce même enfant dont je suis menacée,
Tel qu'un songe effrayant l'a peint à ma pensée.
Je l'ai vu ; son même air, son même habit de lin,
Sa démarche, ses yeux, et tous ses traits enfin :

                                            13

C'est lui-même. Il marchait à côté du grand-prêtre ;
Mais bientôt à ma vue on l'a fait disparaître.
Voilà quel trouble ici m'oblige à m'arrêter,
Et sur quoi j'ai voulu tous deux vous consulter.

> RACINE. *Athalie*, acte II, scène V.

LXXI.

Contre l'usage des Viandes.

« Tu me demandes pourquoi Pythagore s'abstenait de
manger de la chair des bêtes? Mais moi je le demande,
au contraire, quel courage d'homme eut le premier qui
approcha de sa bouche une chaire meurtrie, qui brisa de
sa dent les os d'une bête expirante, qui fit servir devant
lui des corps morts, des cadavres, et engloutit dans son
estomac des membres qui, le moment d'auparavant, bê-
laient, mugissaient, marchaient et voyaient? Comment sa
main put-elle enfoncer un fer dans le cœur d'un être sensible? comment ses yeux purent-ils supporter un meurtre?
comment put-il voir saigner, écorcher, démembrer
un pauvre animal sans défense? comment put-il supporter
l'aspect des chairs pantelantes? comment leur odeur
ne lui fit-elle pas soulever le cœur? comment ne fut-il
pas dégoûté, repoussé, saisi d'horreur, quand il vint à
manier l'ordure de ces blessures, à nettoyer le sang noir
et figé qui les couvrait? »

Les peaux rampaient sur la terre, écorchées ;
Les chairs au feu mugissaient embrochées ;

L'homme ne put les manger sans frémir,
Et dans son sein les entendit gémir.

« Voilà ce qu'il dut imaginer et sentir la première
fois qu'il surmonta la nature pour faire cet horrible repas,
la première fois qu'il eut faim d'une bête en vie, qu'il
voulut se nourrir d'un animal qui paissait encore, et qu'il
dit comment il fallait égorger, dépecer, cuire la brebis qui lui léchait les mains. C'est de ceux qui commen-
cèrent ces cruels festins, et non de ceux qui les quittent,
qu'on a lieu de s'étonner : encore ces premiers-là pour-
raient justifier leur barbarie par des excuses qui manquent à la nôtre, et dont le défaut nous rend cent fois
plus barbares qu'eux. »

Mortels bien-aimés des Dieux, nous diraient ces premiers hommes, comparez les temps; voyez combien
vous êtes heureux, et combien nous étions misérables! La
terre nouvellement formée, et l'air chargé de vapeurs,
étaient encore in lociles à l'ordre des saisons : le cours
incertain des rivières dégradait leurs rives de toutes parts:
des étangs, des lacs, de profonds marécages inondaient
les trois quarts de la surface du monde ; l'autre quart
était couvert de bois et de forêts stériles. La terre ne
produisait nuls bons fruits ; nous n'avions nuls instrumens
de labourage ; nous ignorions l'art de nous en servir; et
le temps de la moisson ne venait jamais pour qui n'avait
rien semé : aussi la faim ne nous quittait point. L'hiver, la mousse et l'écorce des arbres étaient nos mets
ordinaires. Quelques racines vertes de chiendent et de
bruyère étaient pour nous un régal ; et, quand les hommes avaient pu trouver des faines, des noix et du gland,
ils en dansaient de joie autour d'un chêne ou d'un hêtre,

au son de quelques chansons rustiques , appelant la terre
leur nourrice et leur mère ; c'était là leur unique fête, c'é-
taient leurs uniques jeux ; tout le reste de la vie humaine
n'était que douleur, peine et misère. »

« Enfin, quand la terre dépouillée et nue ne nous
offrait plus rien, forcés d'outrager la nature pour nous
conserver, nous mangeâmes les compagnons de notre
misère plutôt que de périr avec eux. Mais vous, hommes
cruels , qui vous force à verser du sang ? Voyez quelle
affluence de biens vous environne ! combien de fruits
vous produit la terre ! que de richesses vous donnent
les champs et les vignes ! que d'animaux vous offrent
leur lait pour vous nourrir, et leur toison pour vous
habiller ! Que leur demandez-vous de plus , et quelle rage
vous porte à commettre tant de meurtres, rassasiés de
biens et regorgeant de vivres ? Pourquoi mentez-vous
contre notre mère, en l'accusant de ne pouvoir vous nourrir ? Pourquoi péchez - vous contre Cérès, inventrice
des saintes lois, et contre le gracieux Bacchus, consola-
teur des hommes, comme si leurs dons prodigués ne
suffisaient pas à la conservation du genre humain ? Comment avez-vous le cœur de mêler avec leurs doux fruits
des ossemens sur vos tables, et de manger avec le lait le
sang des bêtes qui vous le donnent ? Les panthères et les
lions, que vous appelez bêtes féroces , suivent leur instinct par force, et tuent les autres animaux pour vivre.
Mais vous, cent fois plus féroces qu'elles, vous combattez
l'instinct sans nécessité pour vous livrer à vos cruels
délices. Les animaux que vous mangez ne sont pas ceux
qui mangent les autres ; vous ne les mangez pas ces animaux carnassiers, vous les imitez. Vous n'avez faim
que de bêtes innocentes et douces, et qui ne font de mal

à personne, qui s'attachent à vous, qui vous servent, et que vous dévorez pour prix de leurs services. »

Ô meurtrier contre nature! si tu t'obstines à soutenir qu'elle t'a fait pour dévorer tes semblables, des êtres de chair et d'os, sensibles et vivans comme toi, étouffe donc l'horreur qu'elle t'inspire pour ces affreux repas, tue les animaux toi-même, je dis de tes propres mains, sans ferremens, sans coutelas; déchire-les avec tes ongles, comme font les lions et les ours; mords ce bœuf et le mets en pièces, enfonce tes griffes dans sa peau; mange cet agneau tout vif, dévore ses chairs toutes chaudes, bois son ame avec son sang. Tu frémis, tu n'oses sentir palpiter sous ta dent une chair vivante! Homme pitoyable! tu commences par tuer l'animal, et puis tu le manges, comme pour le faire mourir deux fois. Ce n'est pas assez : la chair morte te répugne encore, tes entrailles ne peuvent la supporter, il la faut transformer par le feu, la bouillir, la rôtir, l'assaisonner de drogues qui la déguisent; il te faut des charcutiers, des cuisiniers, des rôtisseurs, des gens pour t'ôter l'horreur du meurtre et t'habiller des corps morts, afin que le sens du goût, trompé par ces déguisemens, ne rejette point ce qui lui est étrange, et savoure avec plaisir des cadavres dont l'œil même eût peine à souffrir l'aspect.

J.-J. ROUSSEAU, livre II.

LXXII.

Imprécations de Camille.

Rome, l'unique objet de mon ressentiment!
Rome à qui vient ton bras d'immoler mon amant!

Rome qui t'a vu naître et que ton cœur adore!
Rome enfin que je hais, parce qu'elle t'honore!
Puissent enfin tous ses proches, ensemble conjurés,
Saper ses fondemens encor mal assurés!
Et, si ce n'est assez de toute l'Italie,
Que l'Orient contre elle à l'Occident s'allie;
Que cent peuples, unis des bouts de l'univers,
Passent, pour la détruire, et les monts et les mers;
Qu'elle-même sur soi renverse ses murailles,
Et de ses propres mains déchire ses entrailles:
Que le courroux du ciel, allumé par mes vœux,
Fasse pleuvoir sur elle un déluge de feux!
Puissé-je de mes yeux y voir tomber la foudre,
Voir ses maisons en cendre, et tes lauriers en poudre,
Voir le dernier Romain à son dernier soupir,
Moi seule en être cause, et mourir de plaisir!

> CORNEILLE. *Les Horaces*, acte IV, scène V.

LXXIII.

La Chute des Feuilles.

De la dépouille de nos bois
L'automne avait jonché la terre:
Le bocage était sans mystère,
Le rossignol était sans voix.
Triste et mourant, à son aurore,
Un jeune malade, à pas lents,
Parcourait une fois encore
Le bois cher à ses premiers ans:
« Bois que j'aime! adieu... je succombe;
« Votre deuil me prédit mon sort;

« Et dans chaque feuille qui tombe
« Je vois un présage de mort. »
Fatal oracle d'Épidaure,
Tu m'as dit : « Les feuilles des bois
« A tes yeux jauniront encore,
« Mais c'est pour la dernière fois.
« L'éternel cyprès t'environne :
« Plus pâle que la pâle automne,
« Tu t'inclines vers le tombeau.
« Ta jeunesse sera flétrie
« Avant l'herbe de la prairie,
« Avant les pampres du côteau. »
Et je meurs!... De leur froide haleine
M'ont touché les sombres autans :
Et j'ai vu, comme une ombre vaine,
S'évanouir mon beau printemps.
Tombe, tombe, feuille éphémère!
Voile aux yeux ce triste chemin;
Cache au désespoir de ma mère
La place où je serai demain.
Mais, vers la solitaire allée.
Si mon amante échevelée
Venait pleurer quand le jour fuit.
Eveille par ton léger bruit
Mon ombre un instant consolée!

Il dit, s'éloigne... et sans retour!..
La dernière feuille qui tombe
A signalé son dernier jour.
Sous le chêne on creusa sa tombe...
Mais son amante ne vint pas
Visiter la pierre isolée :

Et le pâtre de la vallée
Troubla seul du bruit de ses pas
Le silence du mausolée.

MILLEVOYE.

LXXIV.

Le Missionnaire Bridaine,

Dans un des premiers Temples, et au milieu de la plus haute Compagnie de la Capitale.

A la vue d'un auditoire nouveau pour moi, il semble, mes frères, que je ne devrais ouvrir la bouche que pour vous demander grace en faveur d'un pauvre missionnaire dépourvu de tous les talens que vous exigez, quand on vient vous parler de votre salut. J'éprouve cependant aujourd'hui un sentiment bien différent; et , si je suis humilié, gardez-vous de croire que je m'abaisse aux misérables inquiétudes de la vanité! A Dieu ne plaise qu'un ministre du ciel pense jamais avoir besoin d'excuse auprès de vous ! car, qui que vous soyez, vous n'êtes, comme moi, que des pécheurs. C'est devant votre Dieu et le mien que je me sens pressé, dans ce moment, de frapper ma poitrine.

Jusqu'à présent, j'ai publié les justices du Très-Haut dans des temples couverts de chaume; j'ai prêché les rigueurs de la pénitence à des infortunés qui manquaient de pain; j'ai annoncé aux bons habitans des campagnes les vérités les plus effrayantes de ma religion. Qu'ai-je fait? malheureux ! J'ai contristé les pauvres, les meilleurs amis de mon Dieu; j'ai porté l'épouvante et la douleur dans ces ames simples et fidèles que j'aurais dû plaindre et consoler.

C'est ici où mes regards ne tombent que sur des grands, sur des riches, sur des oppresseurs de l'humanité souffrante, ou des pécheurs audacieux ou endurcis; ah! c'est ici seulement qu'il fallait faire retentir la parole sainte dans toute la force de son tonnerre, et placer avec moi dans cette chaire, d'un côté, la mort qui nous menace, et de l'autre, mon grand Dieu qui vient vous juger. Je tiens aujourd'hui votre sentence à la main : tremblez donc devant moi, hommes superbes et dédaigneux qui m'écoutez! La nécessité du salut, la certitude de la mort, l'incertitude de cette heure si effroyable pour vous, l'impénitence finale, le jugement dernier, le petit nombre des élus, l'enfer, et par dessus tout, l'éternité : l'éternité ! voilà les sujets dont je viens vous entretenir, et que j'aurais dû sans doute réserver pour vous seuls.

Et qu'ai-je besoin de vos suffrages, qui me damneraient peut-être sans vous sauver ? Dieu va vous émouvoir, tandis que son indigne ministre vous parlera; car j'ai acquis une expérience de ses miséricordes. Alors, pénétrés d'horreur pour vos iniquités passées, vous viendrez vous jeter entre mes bras, en versant des larmes de componction et de repentir; et, à force de remords, vous me trouverez assez éloquent.

LXXV.

Le Czar à l'hôtel des Invalides.

Vers les bords où la Seine, abandonnant Paris,
Semble de ces beaux lieux où son onde serpente
S'éloigner à regret et ralentir sa pen e,
D'un immense palais le front majestueux,

Arrondi dans la nue un dôme somptueux
S'élève et peuple au loin la rive solitaire.
Pierre y porte ses pas. La pompe militaire,
Des tonnerres d'airain, des gardes, des soldats,
Tout présente à ses yeux l'image des combats :
Mais cet éclat guerrier orne un séjour tranquille.
« Tu vois de la valeur, tu vois l'auguste asile,
« Lui dit Le Fort. Jadis, pour soutenir ses jours,
« Réduit à mendier d'avilissans secours,
« Dans un pays ingrat, sauvé par son courage,
« Le guerrier n'avait pas, au déclin de son âge,
« Un asile pour vivre, un tombeau pour mourir :
« L'état qu'il a vengé daigne enfin le nourrir.
« Louis à tous les rois y donne un grand exemple. »
« —Entrons, » dit le héros. Tous étaient dans le temple.

C'était l'heure où l'autel fumait d'un pur encens ;
Il entre, et de respect tout a frappé ses sens :
Ces murs religieux, leur vénérable enceinte,
Ces vieux soldats épars sous cette voûte sainte,
Les uns levant au ciel leurs fronts cicatrisés,
D'autres flétris par l'âge et de sang épuisés,
Sur leurs genoux tremblans, pliant un corps débile ;
Ceux-ci courbant un front saintement immobile ;
Tandis qu'avec respect sur le marbre inclinés,
Et plus près de l'autel quelques uns prosternés,
Touchaient l'humble pavé de leur tête guerrière,
Et leurs cheveux blanchis roulaient sur la poussière.
Le czar avec respect les contempla long-temps.
« Que j'aime à voir, dit-il, ces braves combattans !
« Ces bras victorieux glacés par les années,
« Quarante ans, de l'Europe ont fait les destinées.

« Restes encor fameux de tant de bataillons,
« De la foudre sur vous j'aperçois les sillons.
« Que vous me semblez grands ! Le sceau de la victoire
« Sur vos ruines même imprime encor la gloire
« Je lis tous vos exploits sur vos fronts révérés :
« Temples de la valeur, vos débris sont sacrés. »
Bientôt ils vont s'asseoir dans une enceinte immense,
Où d'un repas guerrier la frugale abondance
Aux dépens de l'État satisfait leur besoin.
Pierre de leur repas veut être le témoin.
Avec eux dans la foule il aime à se confondre,
Les suit, les interroge ; et, fiers de lui répondre,
De conter leurs exploits, ces antiques soldats
Semblent se rajeunir au récit des combats.
Son belliqueux accent émeut leur fier courage.

« Compagnons, leur dit-il, je viens vous rendre hommage ;
« Car je suis un guerrier, un soldat comme vous. »
D'un regard attentif ils le contemplaient tous,
Et son front désarmé leur parut redoutable.
Tout à coup le monarque approchant de leur table,
Du vin dont leurs vieux ans réchauffaient leur langueur.
Dans un grossier cristal épanche la liqueur ;
Et, la coupe à la main, debout, la tête nue :
« Mes braves compagnons, dit-il, je vous salue ! »
Il boit en même temps. Les soldats attendris,
A ce noble étranger répondent par des cris.
Tous ignoraient son nom, son pays, sa naissance ;
Mais de son fier génie ils sentaient la puissance.
Leur troupe avec honneur accompagne ses pas :
Son rang est inconnu, sa grandeur ne l'est pas.

THOMAS. *Pétréide.*

LXXVI.

Le Saule et la Ronce.

Le Saule dit un jour à la Ronce rampante :
    Aux passans pourquoi t'accrocher ?
Quel profit, pauvre sotte, en comptes-tu tirer ?
    Aucun, lui répondit la plante ;
    Je ne veux que les déchirer.

Le Bailly.

LXXVII.

Une distribution de Prix.

C'est une belle et touchante cérémonie que celle qui
vous appelle dans cette enceinte! Elle n'emprunte son
éclat ni d'un luxe éblouissant, ni d'un imposant appa-
reil. Consacrée à l'enfance, c'est à l'enfance qu'elle doit
son plus bel ornement. Une lutte intéresse toujours,
quels qu'en soient l'objet et les acteurs ; mais combien
cet intérêt devient plus vif, si cette lutte a pour but le
développement des plus nobles facultés de l'homme, si
les rivaux sont des enfans, si ces enfans sont les vôtres!
A ces titres, déjà si puissans, se joint la pensée des efforts
qu'ils ont dû tenter pour disputer, arracher ces palmes
qui les attendaient au terme de leur studieuse carrière.
On songe au contraste de leur légèreté habituelle avec
la pénible gravité de leurs occupations forcées, et l'on
s'étonne justement que l'émulation seule ait pu s'emparer
de leurs cœurs, subjuguer leurs penchans naturels au

point de faire disparaître à leurs yeux l'aridité des grammaires, la sécheresse des principes, et cette foule d'obstacles qui encombrent, dès son entrée, la route des connaissances humaines: aussi lisons-nous dans leurs regards l'anxiété avec laquelle ils attendent le prix de leur courage et d'une longue contrainte. Nous entrons dans leurs sentimens, nous partageons leur inquiétude; il semble que nous soyons de moitié dans leurs triomphes ou leurs défaites; et nous serons même disposés à pleurer avec eux, quand de leurs yeux s'échapperont des larmes de joie et de bonheur s'ils sont victorieux, de honte et de regret s'ils n'ont point de part aux honneurs de la journée : larmes précieuses, qui renferment tant de promesses et d'espérances pour l'avenir!

M. H. BOISMONT.

LXXVIII.

Elévation d'Esther.

Peut-être on t'a conté la fameuse disgrace
De la fière Vasthi dont j'occupe la place,
Lorsque le Roi, contre elle enflammé de dépit,
La chassa de son trône, ainsi que de son lit.
Mais il ne peut sitôt en bannir la pensée:
Vasthi régna long-temps dans son ame offensée:
Dans ses nombreux états il fallut donc chercher
Quelque nouvel objet qui l'en pût détacher.
De l'Inde à l'Hellespont ses esclaves coururent:
Les filles de l'Égypte à Suze comparurent;
Celles même du Parthe et du Scythe indompté

14

Y briguèrent le sceptre offert à la beauté.
On m'élevait alors, solitaire et cachée,
Sous les yeux vigilans du sage Mardochée :
Tu sais combien je dois à ses heureux secours.
La mort m'avait ravi les auteurs de mes jours :
Mais lui, voyant en moi la fille de son frère,
Me tint lieu, chère Élise, et de père et de mère.

Du triste état des Juifs jour et nuit agité,
Il me tira du sein de mon obscurité;
Et, sur mes faibles mains fondant leur délivrance,
Il me fit d'un empire accepter l'espérance.
A ses desseins secrets, tremblante, j'obéis;
Je vins : mais je cachai ma race et mon pays.
Qui pourrait cependant t'exprimer les cabales
Que formait en ces lieux ce peuple de rivales,
Qui toutes disputant un si grand intérêt,
Des yeux d'Assuérus attendaient leur arrêt !
Chacune avait sa brigue et de puissans suffrages :
L'une d'un sang fameux vantait les avantages;
L'autre, pour se parer de superbes atours,
Des plus adroites mains empruntait le secours;
Et moi, pour toute brigue et pour tout artifice,
De mes larmes au ciel j'offrais le sacrifice.

Enfin on m'annonça l'ordre d'Assuérus.
Devant ce fier Monarque, Élise, je parus.
Dieu tient le cœur des Rois entre ses mains puissantes;
Il fait que tout prospère aux ames innocentes,
Tandis qu'en ses projets l'orgueilleux est trompé.
De mes faibles attraits le Roi parut frappé :
Il m'observa long-temps dans un sombre silence,

Et le ciel, qui pour moi fit pencher la balance,
En ce temps-là, sans doute, agissait sur son cœur.
Enfin, avec des yeux où régnait la douceur :
« Soyez reine, » dit-il ; et, dès ce moment même,
De sa main sur mon front posa le diadème.
Pour mieux faire éclater sa joie et son amour,
Il combla de présens tous les grands de sa cour ;
Et même ses faveurs, dans toutes ses provinces,
Invitèrent le peuple aux noces de leurs princes.

Hélas! durant ces jours de joie et de festins,
Quels étaient en secret ma honte et mes chagrins !
Esther, disai-je, Esther dans la pourpre est assise !
La moitié de la terre à son sceptre est soumise !
Et de Jérusalem l'herbe cache les murs !
Sion, repaire affreux de reptiles impurs,
Voit de son temple saint les pierres dispersées !
Et du dieu d'Israël les fêtes sont cessées !

Cependant mon amour pour notre nation
A rempli ce palais des filles de Sion,
Jeunes et tendres fleurs, par le sort agitées,
Sous un ciel étranger comme moi transplantées.
Dans un lieu séparé de profanes témoins,
Je mets à les former mon étude et mes soins ;
Et c'est là que, fuyant l'orgueil du diadème,
Lasse de vains honneurs, et me cherchant moi-même,
Aux pieds de l'éternel je viens m'humilier,
Et goûter le plaisir de me faire oublier.
                    RACINE. *Esther*, acte Ier, scène Ire.

LXXIX.

Éruption du Vésuve.

FAMINE ET CONTAGION.

Le Vésuve en courroux sous ses monts caverneux
Recommence à mugir avec un bruit affreux,
Et déchaîne, en poussant une épaisse fumée,
Sur son gouffre tonnant, la tempête enflammée :
Elle échappe soudain, et des sommets ouverts
En colonne de feu s'élance dans les airs.
Des foudres souterrains et des roches fondues
La suivent jusqu'au ciel et retombent des nues.
Le bitume et le soufre, épandus en torrens,
Roulent sur la montagne, en sillonnent les flancs,
Et dans les creux vallons se traçant un passage,
Des fleuves infernaux offrent l'horrible image.
L'incendie a gagné les antiques forêts.
Les animaux, fuyant dans les sentiers secrets,
Vingt fois, pour s'échapper, retournent sur leur trace ;
Partout la mort en feu les repousse et les chasse.

On voit, loin du volcan et de leurs toits brûlans,
Errer de toutes parts les pâles habitans ;
Et l'époux qui soutient sa moitié défaillante,
Et du vieillard courbé la marche chancelante,
Et la mère qui croit dérober au trépas
Son fils, unique espoir, qu'elle tient dans ses bras.
Inutiles efforts : les vagues irritées
Franchissent en grondant leurs rives dévastées ;

L'Apennin a tremblé jusqu'en ses fondemens :
La terre ouvre en tous lieux des abîmes fumans,
Des plus fermes cités ébranle les murailles,
Et les ensevelit au fond de ses entrailles.

Un jour, peut-être, un jour nos neveux attendris
Découvriront enfin, sous de profonds débris,
Ces villes, ces palais, ces temples, ces portiques,
De nos arts florissans monumens authentiques.
Ainsi dans les remparts qu'Hercule avait bâtis,
Par un malheur semblable autrefois engloutis,
Nous allons admirer de superbes ruines,
Et de l'antiquité fouiller les doctes mines.
Quel sera le destin de tant de malheureux
Échappés par hasard à ce désastre affreux !
De cendres, de cailloux une pluie enflammée
Couvre tout le pays de feux et de fumée.

Le laboureur a vu les trésors des sillons
Sortir de ses greniers en brûlans tourbillons.
En vain il cherche encor dans les arides plaines
Ses buffles vigoureux, compagnons de ses peines ;
Il ne reviendront plus d'un pas obéissant
Sur ce sol calciné traîner le soc pesant.
Nul secours, nul espoir ne s'offre à sa misère.
Comment nourrir, hélas! ses enfans et leur mère?
Ira-t-il secouer le gland dans les forêts ?
Mais l'orage partout a fait tomber ses traits;
Et les chênes, séchés jusque dans leurs racines,
De ces lieux désolés ont accru les ruines.
Alors parmi les feux, les laves, les tombeaux,
La Famine apparaît; et, traînant ses lambeaux,

14.

Traverse les cités, rôde dans les villages :
D'abord sous l'humble toit exerce ses ravages ;
Puis, des palais pompeux franchissant les degrés,
Entre avec le Besoin sous les lambris dorés.

Dans l'air en même temps les sombres Euménides
Soufflent de toutes parts leurs poisons homicides :
Une fréquente toux, de longs étouffemens,
Sont du premier accès les signes alarmans.
Dès la seconde aurore une brûlante haleine
Du poumon embrasé ne s'échappe qu'à peine.
La toux du corps entier fait crier les ressorts,
Et l'humeur, sans sortir, résiste à ses efforts.
Un feu séditieux étincelle au visage.
Le pouls du sang à peine annonce le passage,
La plus légère étoffe est un pesant fardeau.
Une barre d'acier traverse le cerveau ;
Et le mal, redoublant sa fureur intestine,
Comme un affreux vautour déchire la poitrine.

Après la triste nuit qu'alonge la douleur,
La langue se noircit, le teint perd sa couleur,
Le malade aux abois porte sur le visage
De sa prochaine mort l'infaillible présage.
Douce espérance, alors tu quittes ses lambris !
Il n'entend plus sa femme, il ne voit plus ses fils.
Son esprit égaré, que la fièvre tourmente,
Erre sur le sommet d'une montagne ardente,
Croit rouler dans un gouffre, et frémit de terreur,
En regardant au loin l'immense profondeur.
A ce transport succède une stupeur mortelle.
Le sang glacé s'arrête, et la faible prunelle

Sous les doigts de la mort se fermant sans retour,
Il meurt avant la fin du quatrième jour !

Dieux ! qui reconnaîtrait ces campagnes fertiles ?
Des hameaux fortunés et d'opulentes villes,
Des maisons qu'entouraient des bocages fleuris,
Charmaient à chaque pas le voyageur surpris.
Deux fois sur les côteaux les brebis étaient pleines,
Et les moissons deux fois jaunissaient dans les plaines ;
La manne y distillait. Les humains trop heureux
Y ployaient sous les fruits qui renaissaient pour eux ;
L'amour et le plaisir, enfans de l'abondance,
Présidaient les concerts, animaient à la danse ;
Écho ne répétait que les chants des bergers ;
Des vignes s'élevaient dans le sein des rochers ;
Le laurier, le jasmin, s'arrondissant en voûtes,
De leur ombre odorante embellissaient les routes.
C'était un grand jardin où de nombreux canaux
Portaient de toutes parts la fraîcheur de leurs eaux.
Quel désastre imprévu ! quelles terribles scènes !
Des torrens sulfureux, de brûlantes arènes,
Tous les feux des enfers, tous les fléaux des cieux,
En un vaste cercueil ont changé ces beaux lieux.

CASTEL. *Les Plantes*, chant III.

LXXX.

Madame de Sévigné à sa Fille.

Voici un terrible jour, ma chère enfant, je vous
avoue que je n'en puis plus. Je vous ai quittée dans
un état qui augmente ma douleur. Je songe à tous
les pas que vous faites, et à tous ceux que je fais ; et

combien il s'en faut qu'en marchant toujours de cette sorte, nous puissions jamais nous rencontrer! Mon cœur est en repos quand il est auprès de vous : c'est son état naturel, et le seul qui peut lui plaire.

Ce qui s'est passé ce matin me donne une douleur sensible et me fait un déchirement dont votre philosophie sait les raisons. Je les ai senties, et les sentirai long-temps. J'ai le cœur et l'imagination tout remplis de vous, je n'y puis penser sans pleurer, et j'y pense toujours ; de sorte que l'état où je suis n'est pas une chose soutenable : comme il est extrême, j'espère qu'il ne durera pas dans cette violence. Je vous cherche toujours, et j'éprouve que tout me manque, parce que vous me manquez. Mes yeux qui vous ont tant rencontrée, depuis quatorze mois ne vous trouvent plus. Le temps agréable qui est passé rend celui-ci douloureux, jusqu'à ce que je sois un peu accoutumée ; mais ce ne sera jamais pour ne pas souhaiter ardemment de vous revoir et de vous embrasser.

Je ne dois pas espérer mieux de l'avenir que du passé ; je sais ce que votre absence m'a fait souffrir ; je serai encore plus à plaindre, parce que je me suis fait imprudemment une habitude nécessaire de vous voir. Il me semble que je ne vous ai pas assez embrassée en partant. Qu'avais-je à ménager ! Je ne vous ai point assez dit combien je suis contente de votre tendresse ; je ne vous ai point assez recommandée à M. de Grignan ; je ne l'ai point assez remercié de toutes ses politesses et de toute l'amitié qu'il a pour moi : j'en attendrai les effets sur tous les chapitres.

Je suis déjà dévorée de curiosité ; je n'espère de consolation que de vos lettres, qui me feront encore bien

soupirer. En un mot, ma fille, je ne vis que pour vous.
Dieu me fasse la grace de l'aimer quelque jour comme
je vous aime. Jamais un départ n'a été si triste que le
nôtre ; nous ne disions pas un mot. Adieu, ma chère
enfant ; plaignez-moi de vous avoir quittée. Hélas! nous
voilà dans les lettres.

LXXXI.

Le Magister de Village.

Mais le voici : son port, son air de suffisance,
Marque dans son savoir sa noble confiance.
Il sait, le fait est sûr, lire, écrire et compter,
Sait instruire à l'école, au lutrin sait chanter ;
Connait les lunaisons, prophétise l'orage,
Et même du latin eut jadis quelque usage.
Dans les doctes débats, ferme et rempli de cœur,
Même après sa défaite il tient tête au vainqueur.
Voyez, pour gagner temps, quelles lenteurs savantes
Prolongent de ses mots les syllabes trainantes !
Tout le monde l'admire, et ne peut concevoir
Que dans un cerveau seul loge tant de savoir.
Du reste, inexorable aux moindres négligences,
Tant il a pris à cœur les progrès des sciences.

Parait-il : sur son front ténébreux ou serein,
Le peuple des enfans croit lire son destin.
Il veut, on se sépare ; il fait signe, on s'assemble ;
Il s'égaie, et l'on rit ; il se ride, et tout tremble.
Il caresse, il menace, il punit, il absout.

Même absent, on le craint ; il voit, il entend tout :
Un invisible oiseau lui dit tout à l'oreille ;
Il sait celui qui rit, qui cause, qui sommeille,
Qui néglige sa tâche, et quel doigt polisson
D'une adroite boulette a visé son menton.
Non loin croît le bouleau dont la verge pliante
Est sourde aux cris plaintifs de leur voix suppliante,
Qui, dès qu'un vent léger agite ses rameaux,
Fait frisonner d'effroi cet essaim de marmots,
Plus pâles, plus tremblans encor que son feuillage.

DELILLE.

LXXXII.

Mort de Pygmalion.

Dans le moment où ils allaient commencer leur repas, cette vieille dont j'ai parlé fit tout d'un coup du bruit à une porte. Le roi, qui croyait toujours qu'on allait le tuer, se trouble, et court à cette porte pour voir si elle était assez bien fermée. La vieille se retire. Le roi demeure interdit, ne sachant ce qu'il doit croire de ce qu'il a entendu ; il n'ose pourtant ouvrir la porte pour s'éclaircir. Astarbé le rassure, le flatte et le presse de manger ; elle avait déjà jeté du poison dans sa coupe d'or pendant qu'il était allé à la porte. Pygmalion, selon sa coutume, la fit boire la première ; elle but sans crainte, se fiant au contre-poison. Pygmalion but aussi, et peu de temps après il tomba dans une défaillance.

Astarbé, qui le connaissait capable de la tuer sur le moindre soupçon, commença à déchirer ses habits, à arracher ses cheveux, et à pousser des cris lamentables ; elle embrassait le roi mourant ; elle le tenait serré entre ses bras; elle l'arrosait d'un torrent de larmes; car les larmes ne coûtaient rien à cette femme artificieuse. Enfin, quand elle vit que les forces du roi étaient épuisées, et qu'il était comme agonisant, dans la crainte qu'il ne revînt, et qu'il ne voulût la faire mourir avec lui, elle passa des caresses et des plus grandes marques d'amitié à la plus horrible fureur; elle se jeta sur lui, et l'étouffa.

FÉNÉLON. *Aventures de Télémaque.*

LXXXIII.

Les faux et les vrais Dévots.

Je ne suis point, mon frère, un savant révéré;
Et le savoir chez moi n'est pas tout retiré;
Mais, en un mot, je sais, pour toute ma science,
Du faux avec le vrai faire la différence.
Et, comme je ne vois nul genre de héros
Qui soit plus à priser que les parfaits dévots,
Aucune chose au monde et plus noble et plus belle
Que la sainte ferveur d'un véritable zèle;
Aussi ne vois-je rien qui soit plus odieux
Que le dehors plâtré d'un zèle spécieux,
Que ces francs charlatans, que ces dévots de place,
De qui la sacrilége et trompeuse grimace
Abuse impunément et se joue à leur gré
De ce qu'ont les mortels de plus saint et sacré:
Ces gens qui, par une ame à l'intérêt soumise,
Font de dévotion métier et marchandise,
Et veulent acheter crédit et dignités

A prix de faux clins d'yeux et d'élans affectés :
Ces gens, dis-je, qu'on voit d'une ardeur non commune
Par le chemin du ciel courir à leur fortune ;
Qui, brûlans et prians, demandent chaque jour,
Et prêchent la retraite au milieu de la cour ;
Qui savent ajuster leur zèle avec leurs vices,
Sont prompts, vindicatifs, sans foi, pleins d'artifices,
Et pour perdre quelqu'un couvrent insolemment
De l'intérêt du ciel leur fier ressentiment ;
D'autant plus dangereux dans leur âpre colère,
Qu'ils prennent contre nous des armes qu'on révère,
Et que leur passion, dont on leur sait bon gré,
Veut nous assassiner avec un fer sacré.
De ce faux caractère on en voit trop paraître ;
Mais les dévots de cœur sont aisés à connaître :
Notre siècle, mon frère, en expose à nos yeux
Qui peuvent nous servir d'exemples glorieux

Regardez Ariston , regardez Périandre,
Oronte, Alcydamas, Polydore, Clitandre :
Ce titre par aucun ne leur est débattu ;
Ce ne sont point du tout fanfarons de vertu ;
On ne voit point en eux ce faste insupportable ,
Et leur dévotion est humaine, est traitable ;
Ils ne censurent point toutes nos actions ;
Ils trouvent trop d'orgueil dans ces corrections ;
Et, laissant la fierté des paroles aux autres,
C'est par leurs actions qu'ils reprennent les nôtres.
L'apparence du mal a chez eux peu d'appui,
Et leur ame est portée à juger bien d'autrui.
Point de cabale en eux ; point d'intrigues à suivre ;
On les voit, pour tout soin, se mêler de bien vivre.

Jamais contre un pécheur ils n'ont d'acharnement ;
Ils attachent leur haine au péché seulement ,
Et ne veulent point prendre avec un zèle extrême
Les intérêts du ciel plus qu'il ne veut lui-même.
Voilà mes gens, voilà comme il faut en user ;
Voilà l'exemple, enfin, qu'il se faut proposer.
Votre homme, à dire vrai, n'est pas de ce modèle :
C'est de fort bonne foi que vous vantez son zèle ;
Mais par un faux éclat je vous crois ébloui.

MOLIÈRE. Tartufe.

LXXXIV.

Millevoye.

Disciple de Delille et de Fontanes, et nourri de l'é-
tude des anciens, Millevoye parcourut glorieusement la
trop courte carrière à laquelle, comme Malfilâtre et Colar-
deau, il fut enlevé au moment où les muses semblaient lui
prodiguer leurs plus douces faveurs. C'est avec la plume
de ce dernier qu'il semble avoir écrit les morceaux pleins
de grace et de douceur qui nous charment dans le poème
de l'AMOUR MATERNEL. Le sujet de ce poème était d'ailleurs
très-favorable à la peinture des sentimens tendres, et
c'est ce qui est déjà sensible dès ce début :

De ma veine docile échappés au hasard,
Coulez mes vers, coulez sans effort et sans art;
Une mère, un enfant, voilà votre modèle :
Soyez purs comme lui, soyez tendres comme elle.
Puisse un jour cette mère au berceau de son fils,
Pensive quelquefois parcourir mes récits;

Et, reposant ses yeux sur l'enfant qu'elle adore,
Suspendre sa lecture, et la reprendre encore !

ANONYME.

LXXXV.

L'Ombre de Fabricius aux Romains.

O Fabricius ! qu'eût pensé votre grande ame, si, pour
votre malheur, rappelé à la vie, vous eussiez vu la face
pompeuse de cette Rome sauvée par votre bras, et que
votre nom respectable avait plus illustrée que toutes ses
conquêtes ? « Dieux ! eussiez-vous dit, que sont devenus
ces toits de chaume et ces foyers rustiques qu'habitaient
jadis la modération et la vertu ? Quelle splendeur funeste a succédé à la simplicité romaine ! Quel est ce
langage étranger ? Quelles sont ces mœurs efféminées ?
Que signifient ces statues, ces tableaux, ces édifices ? Insensés ! qu'avez-vous fait ? Vous, les maîtres des nations,
vous vous êtes rendus les esclaves des hommes frivoles
que vous avez vaincus : ce sont des rhéteurs qui vous gouvernent ; c'est pour enrichir des architectes, des peintres,
des statuaires et des histrions que vous avez arrosé de
votre sang la Grèce et l'Asie. Les dépouilles de Carthage
sont la proie d'un joueur de flûte. »

« Romains, hâtez-vous de renverser ces amphithéâtres,
brisez ces marbres, brûlez ces tableaux, chassez ces esclaves qui vous subjuguent, et dont les funestes arts vous cor-
rompent. Que d'autres mains s'illustrent par de vains talens : le seul talent digne de Rome est celui de conquérir le monde, et d'y faire régner la vertu. Quand
Cynéas prit notre sénat pour une assemblée de rois, il

ne fut ébloui ni par une pompe vaine, ni par une élégance recherchée; il n'y entendit point cette éloquence frivole, l'étude et le charme des hommes futiles. Que vit donc Cynéas de majestueux? citoyens! il vit un spectacle que ne donneront jamais vos richesses, ni tous vos arts, le plus beau spectacle qui ait jamais paru sous le ciel, l'assemblée de deux cents hommes vertueux, dignes de commander à Rome et de gouverner la terre. »

J.-J. ROUSSEAU.

LXXXVI.

A un Père,

SUR LA MORT DE SA FILLE.

Ta douleur, Du-Perrier, sera donc éternelle?
Et les tristes discours
Que te met dans l'esprit l'amitié paternelle,
L'augmenteront toujours?

Le malheur de ta fille, au tombeau descendue
Par un commun trépas,
Est-ce quelque dédale où ta raison perdue
Ne se retrouve pas?

Je sais de quels appas son enfance était pleine,
Et n'ai pas entrepris,
Injurieux ami, de soulager ta peine
Avecque son mépris.

Mais elle était du monde où les plus belles choses
Ont le pire destin

Et rose elle a vécu ce que vivent les roses,
    L'espace d'un matin.

La mort a des rigueurs à nulle autre pareilles:
    On a beau la prier,
La cruelle qu'elle est se bouche les oreilles,
    Et nous laisse crier.

Le pauvre en sa cabane, où le chaume le couvre,
    Est sujet à ses lois;
Et la garde qui veille aux barrières du Louvre,
    N'en défend point nos rois.

MALHERBE. Liv. Ier.

LXXXVII.

La Mort de J.-B. Rousseau.

Quand le premier chantre du monde
Expira sur les bords glacés
Où l'Hèbre effrayé dans son onde
Reçut ses membres dispersés,
Le Thrace, errant sur les montagnes,
Remplit les bois et les campagnes
Du cri perçant de ses douleurs;
Les champs de l'air en retentirent,
Et dans les antres qui gémirent
Le lion répandit des pleurs.

La France a perdu son Orphée....
Muses, dans ce moment de deuil,
Elevez le pompeux trophée
Que vous demande son cercueil.

Laissez, par de nouveaux prodiges,
D'éclatantes et dignes vestiges
D'un jour marqué par vos regrets.
Ainsi le tombeau de Virgile
Est couvert du laurier fertile
Qui par vos soins ne meurt jamais.

D'une brillante et triste vie
Rousseau quitte aujourd'hui les fers;
Et, loin du ciel de sa patrie,
La mort termine ses revers.
D'où ses maux prirent-ils leur source?
Quelles épines dans sa course
Etouffaient les fleurs sous ses pas!
Quels ennuis, quelle vie errante!
Et quelle foule renaissante
D'adversaires et de combats!

Jusques à quand, mortels farouches,
Vivrons-nous de haine et d'aigreur?
Prêterons-nous toujours nos bouches
Au langage de la fureur!
Implacable dans ma colère,
Je m'applaudis de la misère
De mon ennemi terrassé;
Il se relève, je succombe,
Et moi-même à ses pieds je tombe,
Frappé du trait que j'ai lancé.

Du sein des ombres éternelles,
S'élevant au trône des dieux,
L'envie offusque de ses ailes
Tout éclat qui frappe ses yeux.

15.

Quel ministre, quel capitaine,
Quel monarque vaincra sa haine,
Et les injustices du sort ?
Le temps à peine les consomme ;
Et, quoi que fasse le grand homme,
Il n'est grand homme qu'à sa mort.

Le Nil a vu sur ses rivages
Les noirs habitans des déserts
Insulter, par leurs cris sauvages,
L'astre éclatant de l'univers.
Cris impuissans, fureurs bizarres !
Tandis que ces monstres barbares
Poussaient d'insolentes clameurs,
Le dieu, poursuivant sa carrière,
Versait des torrens de lumière
Sur ces obscurs blasphémateurs.

LE FRANC DE POMPIGNAN.

LXXXVIII.

Conjuration de Cinna.

Plût aux Dieux que vous-même eussiez vu de quel zèle
Cette troupe entreprend une action si belle !
Au seul nom de César, d'Auguste, d'Empereur,
Vous eussiez vu leurs yeux s'enflammer de fureur ;
Et, dans un même instant, par un effet contraire,
Leur front pâlir d'horreur et rougir de colère :
« Amis, leur ai-je dit, voici le jour heureux
Qui doit conclure enfin nos desseins généreux :
Le ciel entre nos mains a mis le sort de Rome,

Et son salut dépend de la perte d'un homme,
Si l'on doit le nom d'homme à qui n'a rien d'humain,
A ce tigre altéré de tout le sang romain.
Combien pour le répandre a-t-il formé de brigues,
Combien de fois changé de partis et de ligues!
Tantôt ami d'Antoine et tantôt ennemi,
Et jamais insolent ni cruel à demi. »

Là, par un long récit de toutes les misères
Que durant notre enfance ont enduré nos pères,
Renouvelant leur haine avec leur souvenir,
Je redouble en leur cœur l'ardeur de le punir ;
Je leur fais des tableaux de ces tristes batailles
Où Rome par ses mains déchirait ses entrailles,
Où l'aigle abattait l'aigle, et de chaque côté
Nos légions s'armaient contre la liberté ;
Où les meilleurs soldats et les chefs les plus braves
Mettaient toute leur gloire à devenir esclaves ;
Où, pour mieux assurer la honte de leurs fers,
Tous voulaient à leur chaîne attacher l'univers ;
Et l'exécrable honneur de lui donner un maître,
Faisant aimer à tous l'infâme nom de traître,
Romains contre Romains, parens contre parens,
Combattaient seulement pour le choix des tyrans.

J'ajoute à ces tableaux la peinture effroyable
De leur concorde impie, affreuse, inexorable,
Funeste aux gens de bien, aux riches, au sénat,
Et, pour tout dire enfin, de leur triumvirat.
Mais je ne trouve point de couleurs assez noires
Pour en représenter les tragiques histoires ;
Je les peins dans le meurtre à l'envi triomphans ;

Rome entière noyée au sang de ses enfans,
Les uns assassinés dans les places publiques,
Les autres dans le sein de leurs dieux domestiques;
Le méchant par le prix au crime encouragé,
Le mari par sa femme en son lit égorgé,
Le fils tout dégoûtant du meurtre de son père,
Et, sa tête à la main, demandant son salaire ;
Sans pouvoir exprimer, par tant d'horribles traits,
Qu'un crayon imparfait de leur sanglante paix.

Vous dirai-je les noms de ces grands personnages
Dont j'ai dépeint les morts pour aigrir les courages;
De ces fameux proscrits, ces demi-dieux mortels,
Qu'on a sacrifiés jusque sur les autels?
Mais pourrai-je vous dire à quelle impatience,
A quels frémissemens, à quelle violence,
Ces indignes trépas, quoique mal figurés,
Ont porté les esprits de tous nos conjurés?
Je n'ai point perdu temps, et, voyant leur colère
Au point de ne rien craindre, en état de tout faire,
J'ajoute en peu de mots : « Toutes ces cruautés,
La perte de nos biens et de nos libertés,
Le ravage des champs, le pillage des villes,
Et les proscriptions, et les guerres civiles,
Sont les degrés sanglans dont Auguste a fait choix
Pour monter sur le trône, et nous donner des lois. »

CORNEILLE, *Cinna*, acte I, scène III.

LXXXIX.

Giton, ou le Riche.

Giton a le teint frais, le visage plein, et les joues pendantes, l'œil fixe et assuré, les épaules larges, l'estomac haut; la démarche ferme et délibérée : il parle avec confiance, il fait répéter celui qui l'entretient, et il ne goûte que médiocrement tout ce qu'il lui dit : il déploie un ample mouchoir, et se mouche avec grand bruit; il crache fort loin et il éternue fort haut; il dort le jour, il dort la nuit, et profondément; il ronfle en compagnie; il occupe à table et à la promenade plus de place qu'un autre; il tient le milieu en se promenant avec ses égaux; il s'arrête, et l'on s'arrête; il continue de marcher, et l'on marche, tous se règlent sur lui; il interrompt, il redresse ceux qui ont la parole; on ne l'interrompt pas, on l'écoute aussi long-temps qu'il veut parler, on est de son avis, on croit les nouvelles qu'il débite : S'il s'assied, vous le voyez s'enfoncer dans un fauteuil, croiser les jambes l'une sur l'autre, froncer le sourcil, abaisser son chapeau sur ses yeux pour ne voir personne, ou le relever ensuite, et découvrir son front par fierté, ou par audace. Il est enjoué, grand rieur, impatient, présomptueux, colère, libertin, politique, mystérieux sur les affaires du temps, il se croit des talens et de l'esprit : il est riche.

La Bruyère.

XC.

Le Rat de Ville et le Rat des Champs.

Certain rat de campagne, en son modeste gîte,
De certain rat de ville eut un jour la visite.
Ils étaient vieux amis : quel plaisir de se voir !
Le maître du logis veut, selon son pouvoir,
Régaler l'étranger : il vivait de ménage,
Mais donnait de bon cœur, comme on donne au village.
Il va chercher, au fond de son garde-manger,
Du lard qu'il n'avait pas achevé de ronger,
Des noix, des raisins secs. Le citadin à table
Mange du bout des dents, trouve tout détestable.
« Pouvez-vous bien, dit-il, végéter tristement
Dans un trou de campagne, enterré tout vivant ?
Croyez-moi, laissez là cet ennuyeux asile,
Venez voir de quel air nous vivons à la ville :
Hélas ! nous ne faisons que passer ici-bas ;
Les rats, petits et grands, marchent tous au trépas.
Ils meurent tout entiers, et leur philosophie
Doit être de jouir d'une si courte vie,
D'y chercher le plaisir : qui s'en passe est bien fou. »

L'autre, persuadé, saute hors de son trou.
Vers la ville à l'instant ils trottent côte à côte ;
Ils arrivent de nuit : la muraille était haute,
La porte était fermée : heureusement nos gens
Entrent sans être vus ; sous le seuil se glissans,
Dans un riche logis nos voyageurs descendent ;
A la salle à manger promptement ils se rendent.

Sur un buffet ouvert trente plats desservis
Du souper de la veille étalaient les débris
L'habitant de la ville, aimable et plein de grace,
Introduit son ami, fait les honneurs, le place;
Et puis, pour le servir, sur le buffet trottant,
Apporte chaque mets, qu'il goûte en l'apportant.

Le campagnard, charmé de sa nouvelle aisance,
Ne songeait qu'aux plaisirs et qu'à faire bombance,
Lorsqu'un grand bruit de porte épouvante nos rats.
Ils étaient au buffet, ils se jettent en bas,
Courent, mourant de peur, tout autour de la salle:
Pas un trou!.... De vingt chats une bande infernale
Par de longs miaulemens redouble leur effroi.
— « Oh! oh! ce n'est pas là ce qu'il me faut, à moi,
Dit le bon campagnard : mon humble solitude
Me garantit du bruit et de l'inquiétude;
Là, je n'ai rien à craindre; et, si je mange peu,
J'y mange en paix du moins, et j'y retourne.....Adieu. »

ANDRIEUX.

XCI.

Douceurs de la Vie champêtre.

Tircis, il faut songer à faire la retraite;
La course de nos jours est plus qu'à demi-faite;
L'âge insensiblement nous conduit à la mort.
Nous avons assez vu sur la mer de ce monde
Errer au gré des vents notre nef vagabonde:
Il est temps de jouir des délices du port.

Le bien de la fortune est un bien périssable,

Quand on bâtit sur elle, on bâtit sur le sable ;
Plus on est élevé, plus on court de dangers:
Les grands pins sont en butte aux coups de la tempête,
Et la rage des vents brise plutôt le faîte
Des maisons de nos rois que les toits des bergers.

O bienheureux celui qui peut de sa mémoire
Effacer pour jamais ce vain espoir de gloire
Dont l'inutile soin traverse nos plaisirs,
Et qui, loin retiré de la foule importune,
Vivant dans sa maison, content de sa fortune,
A, selon son pouvoir, mesuré ses desirs !
Il laboure le champ que labourait son père ;
Il ne s'informe point de ce qu'on délibère
Dans ces graves conseils d'affaires accablés.
Il voit sans intérêt la mer grosse d'orages,
Et n'observe des vents les sinistres présages
Que pour le soin qu'il a du salut de ses blés.

Roi de ses passions, il a ce qu'il désire ;
Son fertile domaine est son petit empire ;
Sa cabane est son Louvre et son Fontainebleau.
Ses champs et ses jardins sont autant de provinces ;
Et, sans porter envie à la pompe des princes,
Il est content chez lui de les voir en tableau.

Il voit de toutes parts combler d'heur sa famille,
La javelle à plein poing tomber sous sa faucille,
Le vendangeur plier sous le faix des paniers.
Il semble qu'à l'envi les fertiles montagnes
Les humides vallons, et les grasses campagnes,
S'efforcent à remplir sa cave et ses greniers.

Il suit aucunes fois un cerf par les foulées,

Dans ces vieilles forêts du peuple reculées,
Et qui même du jour ignorent le flambeau ;
Aucunes fois des chiens il suit les voix confuses,
Et voit enfin le lièvre, après toutes ses ruses,
Du lieu de sa retraite en faire son tombeau.
Il soupire en repos l'ennui de sa vieillesse
Dans ce même foyer où sa tendre jeunesse
A vu dans le berceau ses bras emmaillottés;
Il tient par les moissons registre des années,
Et voit de temps en temps leurs courses enchaînées
Faire avec lui vieillir les bois qu'il a plantés.
Il ne va point fouiller aux terres inconnues,
A la merci des vents et des ondes chenues,
Ce que nature avare a caché de trésors.
Il ne recherche point, pour honorer sa vie,
De plus illustre mort ni plus digne d'envie,
Que de mourir au lit où ses *aïeux* sont morts.

S'il ne possède point ces maisons magnifiques,
Ces tours, ces chapiteaux, ces superbes portiques
Où la magnificence étale ses attraits,
Il jouit des beautés qu'ont les saisons nouvelles,
Il voit de la verdure et des fleurs naturelles,
Qu'en ces riches lambris on ne voit qu'en portraits.
Agréables déserts, séjour de l'innocence,
Où, loin des vanités de la magnificence,
Commence mon repos et finit mon tourment;
Vallons, fleuves, rochers, aimable solitude,
Si vous fûtes témoins de mon inquiétude,
Soyez-le désormais de mon contentement.

RACAN.

16

XCII.

Phédon, ou le Pauvre.

Phédon a les yeux creux, le teint échauffé, le corps sec et le visage maigre ; il dort peu, et d'un sommeil fort léger ; il est abstrait, rêveur, et il a, avec de l'esprit, l'air d'un stupide ; il oublie de dire ce qu'il sait, ou de parler d'événemens qui lui sont connus, et, s'il le fait quelquefois, il s'en tire mal ; il croit peser à ceux à qui il parle ; il conte brièvement, mais froidement ; il ne se fait pas écouter, il ne fait point rire ; il applaudit, il sourit à ce que les autres lui disent, il est de leur avis, il court, il vole pour leur rendre de petits services ; il est complaisant, flatteur, empressé ; il est mystérieux sur ses affaires, quelquefois menteur ; il est superstitieux, scrupuleux, timide ; il marche doucement et légèrement ; il semble craindre de fouler la terre ; il marche les yeux baissés, et il n'ose les lever sur ceux qui passent. Il n'est jamais du nombre de ceux qui forment un cercle pour discourir ; il se met derrière celui qui parle, recueille furtivement ce qui se dit, et se retire si on le regarde. Il n'occupe point de lieu, il ne tient point de place ; il va les épaules serrées, le chapeau abaissé sur ses yeux pour n'être point vu ; il se replie et se renferme dans son manteau ; il n'y a point de rues ni de galeries si embarrassées et si remplies de monde où il ne trouve moyen de passer sans effort et de se couler sans être aperçu. Si on le prie de s'asseoir, il se met à peine sur le bord d'un siége ; il parle bas dans la conversation, et il articule mal : libre néanmoins sur les affaires publiques, chagrin contre le siècle, médiocrement prévenu des ministres et du ministère, il n'ouvre la bouche que pour répondre ; il tousse, il se mouche sous son chapeau, il crache presque sur soi, et il attend qu'il soit seul pour éternuer, ou, si cela lui arrive, c'est à l'insu de la compagnie, il n'en coûte à personne ni salut ni compliment : il est pauvre.

La Bruyère.

XCIII.

L'Art de jouir.

En retranchant de notre vie
Les façons, la cérémonie,
Et tout populaire fardeau,
Loin de l'humaine comédie,
Et comme en un monde nouveau,
Dans une charmante pratique
Nous réaliserons enfin
Cette petite république
Si long-temps projetée en vain.
Une divinité commode,
L'amitié, sans bruit, sans éclat,
Fondera ce nouvel état :
La franchise en fera le code,
Les jeux en seront le sénat ;
Et sur un tribunal de roses,
Siége de notre consulat,
L'enjoûment jugera les causes.

On exclura de ce climat

Tout ce qui porte l'air d'étude ;
La raison, quittant son ton rude,
Prendra le ton du sentiment :
La vertu n'y sera point prude,
L'esprit n'y sera point pédant ;
Le savoir n'y sera mettable
Que sous les traits de l'agrément :
Pourvu que l'on sache être aimable,
On y saura suffisamment.
On y proscrira l'étalage
Des phrasiers, des rhéteurs bouffis :
Rien n'y prendra le nom d'ouvrage ;
Mais sous le nom de badinage,
Il sera quelquefois permis
De rimer quelques chansonnettes,
Et d'embellir quelques sornettes
Du poétique coloris,
En répandant avec finesse
Une nuance de sagesse
Jusque sur Bacchus et Reslis.

Par un arrêt en vaudevilles
On bannira les faux plaisans,
Les cagots fades et rampans,
Les complimenteurs imbéciles,
Et le peuple des froids savans.
Enfin, cet heureux coin du monde
N'aura pour but dans ses statuts
Que de nous soustraire aux abus
Dont ce bon univers abonde.
Toujours sur ces lieux enchanteurs
Le soleil levé sans nuages

Fournira son cours sans orages,
Et se couchera dans les fleurs.

Pour prévenir la décadence
Du nouvel établissement,
Nul indiscret, nul inconstant,
N'entrera dans la confidence :
Ce canton veut être inconnu.
Ses charmes, sa béatitude,
Pour base ayant la solitude,
S'il devient peuple, il est perdu.
Les états de la république
Chaque automne s'assembleront ;
Et là, notre regret unique,
Nos uniques peines seront
De ne pouvoir toute l'année
Suivre cette loi fortunée
De philosophiques loisirs,
Jusqu'à ce moment où la Parque
Emporte dans la même barque
Nos jeux, nos cœurs et nos plaisirs.

GRESSET. La Chartreuse.

XCIV.

Amertume et Consolation des derniers momens d'un jeune Poète.

J'ai révélé mon cœur au Dieu de l'innocence ;
　　Il a vu mes pleurs pénitens ;
Il guérit mes remords, il m'arme de constance :

16.

Les malheureux sont ses enfans.
Mes ennemis riants ont dit dans leur colère :
     Qu'il meure et sa gloire avec lui !
Mais à mon cœur calmé le Seigneur dit en père :
     Leur haine sera ton appui.
A tes plus chers amis ils ont prêté leur rage ;
     Tout trompe la simplicité :
Celui que tu nourris court vendre ton image,
     Noire de sa méchanceté.
Mais Dieu t'entend gémir, Dieu vers qui te ramène
     Un vrai remords né des douleurs ;
Dieu qui pardonne enfin à la nature humaine
     D'être faible dans les malheurs.
J'éveillerai pour toi la pitié, la justice
     De l'incorruptible avenir ;
Eux-même épureront, par leur long artifice,
     Ton honneur qu'ils pensent ternir.
Soyez béni, mon Dieu ! vous qui daignez me rendre
     L'innocence et son noble orgueil ;
Vous qui, pour protéger le repos de ma cendre,
     Veillerez près de mon cercueil !
Au banquet de la vie, infortuné convive,
     J'apparus un jour, et je meurs :
Je meurs, et sur ma tombe, où lentement j'arrive,
     Nul ne viendra verser des pleurs :
Salut, champs que j'aimais et vous, douce verdure,
     Et vous, riant exil des bois !
Ciel, pavillon de l'homme, admirable nature,
     Salut pour la dernière fois !
Ah ! puissent voir long-temps votre beauté sacrée
     Tant d'amis sourds à mes adieux !

Qu'ils meurent pleins de jours, que leur mort soit pleurée,
  Qu'un ami leur ferme les yeux.

                                        GILBERT.

XCV.

Ménalque, ou l'Étourdi.

Ménalque descend son escalier, ouvre sa porte pour sortir, il la referme : il s'aperçoit qu'il est en bonnet de nuit ; et, venant à mieux s'examiner, il se trouve rasé à moitié, il voit que son épée est mise du côté droit, que ses bas sont rabattus sur ses talons, et que sa chemise est pardessus ses chausses. S'il marche dans les places, il se sent tout d'un coup rudement frapper à l'estomac, ou au visage ; il ne soupçonne point ce que ce peut être, jusqu'à ce qu'ouvrant les yeux et se réveillant, il se trouve ou devant un limon de charrette, ou derrière un long ais de menuiserie que porte un ouvrier sur ses épaules. On l'a vu une fois heurter du front contre celui d'un aveugle, s'embarrasser dans ses jambes, et tomber avec lui chacun de son côté à la renverse. Il lui est arrivé plusieurs fois de se trouver tête pour tête à la rencontre d'un prince et sur son passage, se reconnaître à peine, et n'avoir que le loisir de se coller à un mur pour lui faire place.

Il cherche, il brouille, il crie, il s'échauffe, il appelle ses valets l'un après l'autre ; on lui perd tout, on lui égare tout : il demande ses gants qu'il a dans ses mains, semblable à cette femme qui prenait le temps de demander son masque, lorsqu'elle l'avait sur son visage. Il entre à l'appartement, et passe sous son lustre où sa perruque s'accroche et demeure suspendue ; tous les courtisans

regardent et rient : Ménalque regarde aussi, et rit plus
haut que les autres ; il cherche des yeux dans toute l'assemblée où est celui qui montre ses oreilles, et à qui il
manque une perruque. S'il va sur la ville, après avoir fait
quelque chemin, il se croit égaré, il s'émeut, et il demande où il est à des passans qui lui disent précisément
le nom de sa rue : il entre ensuite dans sa maison, d'où
il sort précipitamment, croyant qu'il s'est trompé.

Il descend du palais, et trouvant au bas du grand
degré un carrosse qu'il prend pour le sien, il se met
dedans : le cocher touche, et croit ramener son maître
dans sa maison. Ménalque se jette hors de la por-
tière, traverse la cour, monte l'escalier, parcourt l'antichambre, la chambre, le cabinet ; tout lui est familier,
rien ne lui est nouveau ; il s'assied, il se repose ; il est
chez soi. Le maître arrive, celui-ci se lève pour le
recevoir, il le traite fort civilement, le prie de s'asseoir,
et croit faire les honneurs de sa chambre : il parle
il rêve, il reprend la parole ; le maître de la maison s'en-
nuie, et demeure étonné : Ménalque ne l'est pas moins,
et ne dit pas ce qu'il en pense ; il a affaire à un fâcheux, à
un homme oisif, qui se retirera à la fin ; il l'espère et il
prend patience ; la nuit arrive qu'il est à peine détrompé.

Une autre fois il rend visite à une femme ; et, se per-
suadant bientôt que c'est lui qui la reçoit, il s'établit
dans son fauteuil, et ne songe nullement à l'abandonner :
il trouve ensuite que cette dame fait ses visites longues ;
il attend à tout moment qu'elle se lève et le laisse en
liberté ; mais comme cela tire en longueur, qu'il a faim,
et que la nuit est déjà avancée, il la prie à souper ;
elle rit, et si haut qu'elle le réveille.... Lui-même perd
sa femme, elle meurt entre ses bras, il assiste à ses

obsèques, et, le lendemain, quand on lui vient dire qu'on a servi, il demande si sa femme est prête, et si elle est avertie.

C'est lui encore qui entre dans une église, et, prenant le pauvre qui est collé à la porte pour un pilier et sa tasse pour un bénitier, y plonge la main, la porte à son front, lorsqu'il entend tout d'un coup le pilier qui parle, et qui lui offre des raisons. Il s'avance dans la nef, il croit voir un prie-dieu, il se jette lourdement dessus : la machine plie, s'enfonce et fait des efforts pour crier. Ménalque est surpris de se voir à genoux sur les jambes d'un fort petit homme, appuyé sur son dos, les deux bras passés sur ses épaules, et ses deux mains jointes et étendues qui lui prennent le nez et lui ferment la bouche; il se retire confus et va s'agenouiller ailleurs. Il tire un livre pour faire sa prière, et c'est sa pantoufle qu'il a prise pour ses heures, et qu'il a mise dans sa poche avant que de sortir.

Il n'est pas hors de l'église qu'un homme de livrée court après lui, le joint, lui demande en riant s'il n'a point la pantoufle de monseigneur. Ménalque lui montre la sienne, et lui dit : Voilà toutes les pantoufles que j'ai sur moi. Il se fouille néanmoins et tire celle de l'évêque de *** qu'il vient de quitter, qu'il a trouvé malade auprès de son feu, et dont, avant de prendre congé de lui, il a ramassé la pantoufle, comme l'un de ses gants qui était à terre : ainsi Ménalque s'en retourne chez soi avec une pantoufle de moins.—Il a une fois perdu au jeu tout l'argent qu'il avait dans sa bourse, et voulant continuer de jouer, il entre dans son cabinet, ouvre une armoire, y prend sa cassette, en tire ce qu'il lui plaît, croit la remettre où il l'a prise : il entend aboyer dans son armoire qu'il vient de fermer ; étonné de ce prodige, il l'ouvre une seconde fois, et il éclate de rire d'y voir son chien qu'il a serré pour sa cassette.

Il joue au trictrac, il demande à boire, on lui en apporte ; c'est à lui à jouer, il tient le cornet d'une main, et un verre de l'autre ; et, comme il a une grande soif, il avale les dés et presque le cornet, jette le verre d'eau dans le trictrac, et inonde celui contre qui il joue : et dans une chambre où il est familier, il crache sur le lit, et jette son chapeau à terre, en croyant faire tout le contraire. — Il se promène sur l'eau, et il demande quelle heure il est : on lui présente une montre ; à peine l'a-t-il reçue, que ne songeant plus ni à l'heure ni à la montre, il la jette dans la rivière, comme une chose qui l'embarrasse.

Lui-même écrit une longue lettre, met de la poudre dessus à plusieurs reprises, et jette toujours la poudre dans l'encrier : ce n'est pas tout, il écrit une seconde lettre ; et, après les avoir achevées toutes deux, il se trompe à l'adresse : un duc et pair reçoit l'une de ces deux lettres, et en l'ouvrant y lit ces mots : « Maître Olivier, ne manquez, sitôt la présente reçue, de m'envoyer ma provision de foin.... » Son fermier reçoit l'autre, il l'ouvre, et se la fait lire ; on y trouve : « Monseigneur, j'ai reçu avec une soumission aveugle les ordres qu'il a plu à votre grandeur.... » Lui-même encore écrit une lettre pendant la nuit ; et, après l'avoir cachetée, il éteint sa bougie ; il ne laisse pas d'être surpris de ne voir goutte, et il sait à peine comment cela est arrivé.

Ménalque descend l'escalier du Louvre, un autre le monte, à qui il dit : « C'est vous que je cherche. » Il le prend par la main, le fait descendre avec lui, traverse plusieurs cours, entre dans les salles, en sort ; il va, il revient sur ses pas : il regarde enfin celui qu'il traîne après soi depuis un quart d'heure. Il est étonné que ce soit lui, il n'a rien à lui dire ; il lui quitte la main, et tourne d'un autre côté. Souvent il vous interroge, et il est déjà bien loin de vous, quand vous songez à lui répondre : ou bien il vous demande en courant comment se porte votre père ; et, comme vous lui dites qu'il est fort mal, il vous crie qu'il en est bien aise. Il vous trouve quelque autre fois sur son chemin ; il est ravi de vous rencontrer, il sort de chez vous pour vous entretenir d'une certaine chose ; il contemple votre main : « Vous avez là, dit-il, un beau rubis ; est-il Balais ? » Il vous quitte et continue sa route : Voilà l'affaire importante dont il avait à vous parler.

Se trouve-t-il à la campagne, il dit à quelqu'un qu'il le trouve heureux d'avoir pu se dérober à la cour pendant l'automne, et d'avoir passé dans ses terres tout le temps de Fontainebleau ; il tient à d'autres d'autres discours ; puis revenant à celui-ci : « Vous avez eu, dit-il, de beaux jours à Fontainebleau ; vous y avez sans doute beaucoup chassé. » Il commence ensuite un conte qu'il oublie d'achever ; il rit en lui-même ; il éclate d'une chose qui lui passe par l'esprit ; il répond à sa pensée, il chante entre ses dents, il siffle, il se renverse dans une chaise, il pousse un cri plaintif, il bâille ; il se croit seul.

S'il se trouve à un repas, on voit le pain se multiplier insensiblement sur son assiette : il est vrai que ses voisins en manquent, aussi bien que de couteaux et de fourchettes, dont il ne les laisse pas jouir long-temps. On a inventé aux tables une grande cuillère pour la commodité du service : il la prend, la plonge dans le plat,

l'emplit, la porte à sa bouche, et il ne sort pas d'étonnement
de voir répandu sur son linge et sur ses habits le potage
qu'il vient d'avaler. Il oublie de boire pendant tout le
dîner; ou, s'il s'en souvient, et qu'il trouve que l'on lui
donne trop de vin, il en flaque plus de la moitié au visage de celui qui est à sa droite : il boit le reste tran-
quillement, et ne comprend pas pourquoi tout le
monde éclate de rire, de ce qu'il a jeté à terre ce qu'on
lui a versé de trop.

Il est un jour retenu au lit pour quelque incom-
modité : on lui rend visite, il y a un cercle d'hommes et
de femmes dans sa ruelle qui l'entretiennent; et, en
leur présence, il soulève sa couverture et crache dans
ses draps.—On le mène aux chartreux, on lui fait voir un
cloître orné d'ouvrages, tous de la main d'un excellent peintre : le religieux qui les lui explique, parle
de saint Bruno, du chanoine et de son aventure, en fait
une longue histoire et la montre dans un de ses tableaux : Ménalque qui pendant la narration est hors du
cloître, et bien loin au delà, y revient enfin, et demande au père si c'est le chanoine ou saint Bruno qui est
damné.

Il se trouve par hasard avec une jeune veuve; il lui
parle de son défunt mari, lui demande comment il est
mort : cette femme à qui ce discours renouvelle ses
douleurs, pleure, sanglote, et ne laisse pas de reprendre
tous les détails de la maladie de son époux, qu'elle conduit depuis la veille de sa fièvre qu'il se portait bien,
jusqu'à l'agonie.... Il s'avise un matin de faire tout
hâter dans sa cuisine; il se lève avant le fruit, et prend
congé de la compagnie : on le voit ce jour-là en tous les
endroits de la ville, hormis en celui où il a donné un rendez-

vous précis pour cette affaire qui l'a empêché de dîner, et l'a fait sortir à pied de peur que son carrosse ne le fît attendre.

L'entendez-vous crier, gronder, s'emporter contre l'un de ses domestiques; il est étonné de ne le point voir : « Où peut-il être? dit-il; que fait-il? qu'est-il devenu? qu'il ne se présente plus devant moi! Je le chasse dès à cette heure. » Le valet arrive, à qui il demande fièrement d'où il vient; il lui répond qu'il vient de l'endroit où il l'a envoyé, et il lui rend un fidèle compte de sa commission.

Vous le prendriez souvent pour tout ce qu'il n'est pas; pour un stupide, car il n'écoute point, et il parle encore moins; pour un fou, car, outre qu'il parle tout seul, il est sujet à de certaines grimaces et à des mouvemens de tête involontaires; pour un homme fier et incivil, car vous le saluez, et il passe sans vous regarder, ou il vous regarde sans vous rendre le salut; pour un inconsidéré, car il parle banqueroute au milieu d'une famille où il y a cette tache, d'exécution et d'échafaut devant un homme dont le père y a monté, de roture devant les roturiers qui sont riches et qui se donnent pour nobles..... Il a pris la résolution de marier son fils à la fille d'un homme d'affaires, et il ne laisse pas de dire de temps en temps, en parlant de sa maison et de ses ancêtres, que les Ménalque ne se sont jamais mésalliés.

Enfin il n'est ni présent ni attentif dans une compagnie à ce qui fait le sujet de la conversation : il pense et il parle tout à la fois; mais la chose dont il parle est rarement celle à laquelle il pense : aussi ne parle-t-il guère conséquemment et avec suite. Où il dit non, souvent il faut dire oui, et où il dit oui, croyez qu'il veut

17

dire NON : il a, en vous répondant si juste, les yeux fort
ouverts; mais il ne s'en sert point, il ne regarde ni vous
ni personne, ni rien qui soit au monde. Tout ce que vous
pouvez tirer de lui, et encore dans le temps qu'il est le
plus appliqué et d'un meilleur commerce, ce sont ces
mots : Oui vraiment. C'est vrai. Bon! Tout de bon?
Oui-dà! Je pense que oui. Assurément. Ah! Ciel! et quelques autres monosyllabes qui ne sont pas même placés à
propos. Jamais aussi il n'est avec ceux avec qui il paraît
être : il appelle sérieusement son laquais MONSIEUR; et
son ami, il l'appelle LA VERDURE : il dit VOTRE RÉVÉ-
RENCE à un Prince du sang, et VOTRE ALTESSE à un Jé-
suite. Il entend la messe : le prêtre vient à éternuer, il
lui dit : DIEU VOUS ASSISTE. Il se trouve avec un ma-
gistrat : cet homme grave par son caractère vénérable,
par son âge et par sa gravité, l'interroge, sur un événement, et lui demande si cela est ainsi : Ménalque lui répond : Oui, MADEMOISELLE. Il revient une fois de la campagne : ses laquais en livrée entreprennent de le voler et
y réussissent; ils descendent de son carrosse, lui portent
un bout de flambeau sous la gorge, lui demandent la
bourse, et il la rend : arrivé chez soi, il raconte son aventure à ses amis, qui ne manquent pas de l'interroger
sur les circonstances, et il leur dit : « demandez à mes
gens, ils y étaient. »

LA BRUYÈRE.

XCVI.

Fureurs d'Oreste.

. . . . O terre! entr'ouvre-toi;
Clytemnestre, Tantale, Atrée, attendez-moi :

Je vous suis aux enfers, éternelles victimes;
Je dispute avec vous de tourmens et de crimes.
. . . .
Mais non, ce n'est pas moi; non, ce n'est pas Oreste;
Un pouvoir effroyable a seul conduit mes coups.
Exécrable instrument d'une éternelle *colère*,
Banni de mon pays par le meurtre d'un père,
Banni du monde entier par celui de ma mère;
Patrie, Etats, parens, que je remplis d'effroi,
Innocence, amitié, tout est perdu pour moi!

Soleil, qu'épouvanta cette affreuse contrée,
Soleil, qui reculas pour le festin d'Atrée,
Tu luis encor pour moi, tu luis pour ces climats!
Dans l'éternelle nuit tu ne nous plonges pas!
Dieux, tyrans éternels, puissance impitoyable!
Dieux qui me punissez, qui m'avez fait coupable!
Hé bien, quel est l'exil que vous me destinez?
Quel est le nouveau crime où vous me condamnez?
Parlez...... Vous prononcez le nom de la Tauride!
J'y cours : j'y vais trouver la prêtresse homicide,
Qui n'offre que du sang à des dieux en courroux,
A des dieux moins cruels, moins barbares que vous.

VOLTAIRE. Oreste.

XCVII.

Le Loup et le Chien.

Un loup n'avait que les os et la peau,
   Tant les chiens faisaient bonne garde.
Ce loup rencontre un dogue aussi puissant que beau,
Gras, poli, qui s'était fourvoyé par mégarde.

L'attaquer, le mettre en quartiers,
Sire loup l'eût fait volontiers ;
Mais il fallait livrer bataille ,
Et le mâtin était de taille
A se défendre hardiment.
Le loup donc l'aborde humblement,
Entre en propos , et lui fait compliment
Sur son embonpoint qu'il admire.

Il ne tiendra qu'à vous, beau sire ,
D'être aussi gras que moi, lui repartit le chien
Quittez les bois , vous ferez bien :
Vos pareils y sont misérables,
Cancres, hères et pauvres diables ,
Dont la condition est de mourir de faim.
Car, quoi ! rien de d'assuré, point de franche lipée ,
Tout à la pointe de l'épée.
Suivez-moi, vous aurez un bien meilleur destin.
Le loup reprit : Que me faudra-t-il faire ?
Presque rien, dit le chien : donner la chasse aux gens
Portant bâtons et mendians ;
Flatter ceux du logis, à son maître complaire :
Moyennant quoi, votre salaire
Sera force reliefs de toutes les façons,
Os de poulets, os de pigeons,
Sans parler de mainte caresse.

Le loup déjà se forge une félicité
Qui le fait pleurer de tendresse.
Chemin faisant, il vit le col du chien pelé :
Qu'est-ce cela ? dit-il. Rien. Quoi rien ? Peu de chose.
Mais encor ? Le collier dont je suis attaché,

De ce que vous voyez est peut-être la cause.
Attaché! dit le loup : Vous ne courez donc pas
   Où vous voulez? Pas toujours ; mais qu'importe?
Il importe si bien, que de tous vos repas
    Je ne veux en aucune sorte,
Et ne voudrais pas même, à ce prix, un trésor.
Cela dit, maître loup s'enfuit et court encor.
LA FONTAINE.

XCVIII.

Le Printemps et les Fleurs.

Printemps chéri, doux matin de l'année,
Console-nous de l'ennui des hivers;
Reviens enfin, et Flore emprisonnée
Va de nouveau s'élever dans les airs.
Qu'avec plaisir je compte les richesses !
Que ta présence a de charmes pour moi !
Puissent mes vers, aimables comme toi,
En les chantant, te payer tes largesses!
Déjà Zéphyr annonce ton retour.
De ce retour modeste avant-courrière,
Sur le gazon la tendre primevère
S'ouvre et jaunit dès le premier beau jour.
A ses côtés la blanche pâquerette
Fleurit sous l'herbe et craint de s'élever.
Vous vous cachez, timide violette,
Mais c'est en vain ; le doigt sait vous trouver :
Il vous arrache à l'obscure retraite
Qui recélait vos appas inconnus :
17.

Et, destinée aux boudoirs de Cythère,
Vous renaissez sur un trône de verre,
Où vous mourez sur le sein de Vénus.

L'Inde autrefois nous donna l'anémone,
De nos jardins ornement printanier.
Que tous les ans, au retour de l'automne,
Un sol nouveau remplace le premier,
Et tous les ans la fleur reconnaissante
Reparaîtra plus belle et plus brillante.
Elle naquit des larmes que jadis
Sur un amant Vénus a répandues.
Larmes d'amour, vous n'êtes point perdues ;
Dans cette fleur je revois Adonis.
Dans la jacinthe, un bel enfant respire ;
J'y reconnais le fils de Piérus.
Il cherche encor les regards de Phébus ;
Il craint encor le souffle de Zéphyre.
Des feux du jour évitant la chaleur,
Ici fleurit l'infortuné narcisse ;
Il a toujours conservé la pâleur
Que sur ses traits répandit la douleur.
Il aime l'ombre, à ses ennuis propice ;
Mais il craint l'eau, qui causa son malheur.

N'oublions pas la charmante cortule ;
Nommons aussi l'aimable renoncule,
Et la tulipe, honneur de nos jardins.
Si leurs parfums répondaient à leurs charmes,
La rose alors, prévoyant nos dédains,
Pour son empire aurait quelques alarmes.
. . . .
Voyez ici la jalouse Clytie

Durant la nuit se pencher tristement,
Puis relever sa tête appesantie,
Pour regarder son infidèle amant.
Le lis, plus noble et plus brillant encore,
Lève sans crainte un front majestueux ;
Paisible roi de l'empire de Flore,
D'un autre empire il est l'emblème heureux.
Mais quelques fleurs chérissent l'esclavage :
L'humble genêt, le jasmin plus aimé,
Le chèvre-feuille et le pois parfumé
Cherchent toujours à couvrir un treillage.

Le jonc pliant, sur ces appuis nouveaux,
Doit enchaîner leurs flexibles rameaux :
L'iris demande un abri solitaire
L'ombre entretient sa fraîcheur passagère.
Le tendre œillet est faible et délicat ;
Veillez sur lui ; que sa fleur élargie
Sur le carton soit en voûte arrondie ;
Coupez les jets autour de lui pressés :
N'en laissez qu'un, la tige en est plus belle ;
Ces autres brins, dans la terre enfoncés,
Vous donneront une tige nouvelle ;
Et quelque jour ces rejetons naissans
Remplaceront leurs pères vieillissans.
Aimables fruits des larmes de l'aurore,
De votre nom j'embellirais mes vers.
Mais quels parfums s'exhalent dans les airs ?
Disparaissez, les roses vont éclore.

PARNY.

XCIX.

L'avantage de la Science.

Entre deux bourgeois d'une ville
S'émut jadis un différent.
L'un était pauvre, mais habile,
L'autre, riche, mais ignorant.
Celui-ci sur son concurrent
Voulait emporter l'avantage,
Prétendait que tout homme sage
Etait tenu de l'honorer.
C'était tout homme sot ; car pourquoi révérer
Des biens dépourvus de mérite ?
La raison m'en semble petite.

Mon ami, disait-il souvent
          Au savant,
Vous vous croyez considérable ;
Mais, dites-moi, tenez-vous table ?
Que sert à vos pareils de lire incessamment ?
Ils sont toujours logés à la troisième chambre,
Vêtus au mois de juin comme au mois de décembre,
Ayant pour tout laquais leur ombre seulement.
     La république a bien affaire
     De gens qui ne dépensent rien !
     Je ne sais d'homme nécessaire
Que celui dont le luxe épand beaucoup de bien.
Nous en usons, Dieu sait ! notre plaisir occupe
L'artisan, le vendeur, celui qui fait la jupe,
Et celle qui la porte, et vous, qui dédiez

A messieurs les gens de finance
De méchans livres bien payés.
Ces mots, remplis d'impertinence,
Eurent le sort qu'ils méritaient.

L'homme lettré se tut, il avait trop à dire.
La guerre le vengea bien mieux qu'une satire.
Mars détruisit le lieu que nos gens habitaient.
   L'un et l'autre quitta sa ville.
   L'ignorant resta sans asile ;
   Il reçut partout des mépris.
L'autre reçut partout quelque faveur nouvelle.
   Cela décida leur querelle.
Laissez dire les sots, le savoir a son prix.

LA FONTAINE.

C.

Du Peuple.

Comme avant d'élever un édifice, l'architecte observe
et sonde le sol pour voir s'il en peut soutenir le poids,
le sage instituteur ne commence pas par rédiger de
bonnes lois en elles-mêmes ; mais il examine auparavant
si le peuple auquel il les destine est propre à les supporter. C'est pour cela que Platon refusa de donner des
lois aux Arcadiens et aux Cyréniens, sachant que ces
deux peuples étaient riches et ne pouvaient souffrir
l'égalité ; c'est pour cela qu'on vit en Crète de bonnes
lois et de méchans hommes, parce que Minos n'avait dis-
cipliné qu'un peuple chargé de vices.

Mille nations ont brillé sur la terre, qui n'auraient ja-

mais pu souffrir de bonnes lois; et celles mêmes qui
l'auraient pu, n'ont eu dans toute leur durée qu'un temps
fort court pour cela. Les peuples, ainsi que les hommes,
ne sont dociles que dans leur jeunesse; ils deviennent in-
corrigibles en vieillissant : quand une fois les coutumes
sont établies et les préjugés enracinés, c'est une entreprise dangereuse et vaine de vouloir les réformer; le
peuple ne peut pas même souffrir qu'on touche à ses
maux pour les détruire, semblable à ces malades stupides et sans courage qui frémissent à l'aspect du médecin.

J.-J. ROUSSEAU.

CI.

Les deux Paysans et le Nuage.

Guillot, disait un jour Lucas
D'une voix triste et lamentable,
Ne vois-tu pas venir là-bas
Ce gros nuage noir? C'est la marque effroyable
Du plus grand des malheurs. Pourquoi? répond Guillot.
—Pourquoi? regarde donc; ou je ne suis qu'un sot,
Ou ce nuage est de la grêle
Qui va tout abîmer; vigne, avoine, froment,
Toute la récolte nouvelle
Sera détruite en un moment.
Il ne restera rien; le village en ruine,
Dans trois mois aura la famine;
Puis la peste viendra, puis nous périrons tous.

La peste! dit Guillot : doucement, calmez-vous;
Je ne vois point cela, compère;

Et, s'il faut vous parler selon mon sentiment,
   C'est que je vois tout le contraire ;
   Car ce nuage assurément
Ne porte point de grêle, il porte de la pluie.
   La terre est sèche dès long-temps,
   Il va bien arroser les champs ;
Toute notre récolte en doit être embellie.
   Nous aurons le double de foin ,
Moitié plus de froment, raisins en abondance ;
   Nous serons tous dans l'opulence ,
Et rien, hors les tonneaux, ne nous fera besoin.
C'est bien voir que cela ! dit Lucas en colère.
Mais chacun a ses yeux, lui répondit Guillot.
— Oh ! puisqu'il est ainsi , je ne dirai plus mot ;
   Attendons la fin de l'affaire :
Rira bien qui rira le dernier. — Dieu merci,
   Ce n'est pas moi qui pleure ici.
Ils s'échauffaient tous deux ; déjà, dans leur furie,
Ils allaient se gourmer, lorsqu'un souffle de vent
Emporta loin de là le nuage effrayant :
   Ils n'eurent ni grêle ni pluie.

FLORIAN.

CII.

Ode à Philomèle.

   Pourquoi, plaintive Philomèle,
Songer encore à vos malheurs,
Quand, pour apaiser vos douleurs,
Tout cherche à vous marquer son zèle ?

   L'univers, à votre retour,

Semble renaître pour vous plaire;
Les Dryades à votre amour
Prêtent leur ombre solitaire.

Loin de vous l'aquilon fougueux
Souffle sa piquante froidure;
La terre reprend sa verdure;
Le ciel brille des plus beaux feux.

Pour vous l'amante de Céphale
Enrichit Flore de ses pleurs;
Le Zéphyr cueille sur les fleurs
Les parfums que la terre exhale.

Pour entendre vos doux accens,
Les oiseaux cessent leur ramage,
Et le chasseur le plus sauvage
Respecte vos jours innocens.

Cependant votre ame attendrie
Par un douloureux souvenir,
Des malheurs d'une Sœur chérie
Semble toujours s'entretenir.

Hélas! que mes tristes pensées
M'offrent des maux bien plus cuisans!
Vous pleurez des peines passées,
Je pleure des ennuis présens.

Et quand la nature attentive
Cherche à calmer vos déplaisirs,
Il faut même que je me prive
De la douceur de mes soupirs.

J.-B. ROUSSEAU.

CIII.

Le Cochet, le Chat et le Souriceau.

Un souriceau tout jeune, et qui n'avait rien vu,
  Fut presque pris au dépourvu.
Voici comme il conta l'aventure à sa mère :
J'avais franchi les monts qui bornent cet état,
  Et trottais comme un jeune rat
  Qui cherche à se donner carrière,
Lorsque deux animaux m'ont arrêté les yeux :
  L'un doux, benin et gracieux ;
Et l'autre turbulent, et plein d'inquiétude.
  Il a la voix perçante et rude
  Sur la tête un morceau de chair;
Une sorte de bras dont il s'élève en l'air,
  Comme pour prendre sa volée ;
  La queue en panache étalée.

Or, c'était un cochet, dont notre souriceau
  Fit à sa mère le tableau,
Comme d'un animal venu de l'Amérique.
 Il se battait, dit-il, les flancs avec ses bras,
  Faisant tel bruit et tel fracas,
Que moi, qui, grâce aux dieux, de courage me pique,
  En ai pris la fuite de peur,
  Le maudissant de très bon cœur.
  Sans lui j'aurais fait connaissance
Avec cet animal qui m'a semblé si doux.
  Il est velouté comme nous,
Marqueté, longue queue, une humble contenance,

18

Un modeste regard, et pourtant l'œil luisant.
    Je le crois fort sympathisant
Avec messieurs les rats ; car il a des oreilles
    En figure aux nôtres pareilles.

Je l'allais aborder, quand, d'un son plein d'éclat,
    L'autre m'a fait prendre la fuite.
Mon fils, dit la souris, ce doucet est un chat,
    Qui, sous son minois hypocrite,
    Contre toute ta parenté
    D'un malin vouloir est porté.
    L'autre animal, tout au contraire,
    Bien éloigné de nous mal faire,
Servira quelque jour, peut-être, à nos repas.
Quant au chat, c'est sur nous qu'il fonde sa cuisine.
    Garde-toi, tant que tu vivras,
    De juger des gens sur la mine.

LA FONTAINE.

CIV.

L'Étalon.

L'étalon généreux a le port plein d'audace,
Sur ses jarrets plians se balance avec grace ;
Aucun bruit ne l'émeut ; le premier du troupeau
Il fend l'onde écumante, affronte un pont nouveau :
Il a le ventre court, l'encolure hardie,
Une tête effilée, une croupe arrondie ;
On voit sur son poitrail ses muscles se gonfler
Et ses nerfs tressaillir, et ses veines s'enfler.
Que du clairon bruyant le son guerrier l'éveille,
Je le vois s'agiter, trembler, dresser l'oreille ;

Son épine se double et frémit sur son dos ;
D'une épaisse crinière il fait bondir les flots ;
De ses museaux brûlans il respire la guerre ;
Ses yeux roulent du feu, son pied creuse la terre.

DELILLE, *Géorgiques de Virgile.*

CV.

Description de Rome.

Là voilà donc enfin cette ville sacrée,
De tombeaux, de déserts tristement entourée !
Quel trouble à son aspect saisit le voyageur !
La reine des cités a perdu sa splendeur :
Le silence est assis sous ses voûtes antiques.
Cependant ses palais, ses temples, ses portiques,
Attestent ses grandeurs dans leurs restes confus :
Sur ces arcs mutilés vingt fleuves suspendus
Versaient en frémissant le tribut de leur onde :
Ce temple fut paré des dépouilles du monde ;
Par ces portes sortaient les fières légions :
Voilà ce Capitole, effroi des nations
De là, semblable aux dieux, Rome lançait la foudre ;
Là, les rois interdits et le front dans la poudre,
Aux portes du sénat, oubliés, sans honneur,
Attendaient pour entrer les ordres d'un licteur.
A ses pieds j'aperçois cette place fameuse
Où s'agitait, semblable à la mer orageuse,
Ce peuple ambitieux, insolent, importun,
Tyran du monde entier, esclave d'un tribun.

Ordonne ; et des héros, parmi ces beaux décombres,

L'imagination va t'évoquer les ombres :
Les vois-tu s'élevant, sortant de toutes parts ?
Voilà ces vieux enfans de la fille de Mars,
Honneur de ses conseils, appui de ses murailles,
Qui labouraient leurs champs et gagnaient des batailles.
Mais grands, plus redoutés, paraissaient après eux
Les fils dégénérés de ses pères fameux.
Entouré de soldats, Marius inflexible,
A ses portes s'assied, tel qu'un spectre terrible ;
L'affreux Sylla les suit, les yeux étincelans :
Rome entière est noyée au sang de ses enfans !
Illustres conjurés, les Brute, les Cassie
Frappent le grand César sans sauver la patrie,
Et ces Romains par eux méconnus trop long-temps,
A la place d'un maître ont reçu trois tyrans.
Ces monstres, les vois-tu, de sang insatiables,
Relever de Sylla les tables effroyables,
Transformer en bourreaux leurs farouches soldats,
Et, volant d'une orgie à des assassinats,
Faire un lâche trafic des plus grandes victimes ?
Par des crimes unis, divisés par des crimes,
Ils ébranlent la terre, ils marchent, opposant
L'Italie à l'Egypte, et l'aurore au couchant.

Tourne ici tes regards : enfin l'heureux Octave,
Ceint d'un triple laurier, rentre dans Rome esclave.
Trainant ces vils Romains attachés à son char,
Il rentre, roi du monde, hériter de César ;
Et, pliant à son gré son affreux caractère,
Devient prince clément de tyran sanguinaire.
Rome de ses débris sort plus belle à sa voix;
Et, dans l'heureux loisir de la paix et des lois,

Tandis qu'aux jeux du Cirque, aux pompes du théâtre,
S'empresse un peuple entier, de ces jeux idolâtre,
Sa main d'un grand pouvoir pose les fondemens.

Ils sont debout encor ces vastes monumens,
Où, par les mêmes jeux, de ces Romains volages
Ces cruels successeurs mendiaient les suffrages;
Parcourons leurs détours obscurs, silencieux :
Jadis aux feux naissans d'un jour pur, radieux,
Des flots de spectateurs inondaient ces portiques :
Ne crois-tu pas les voir ces fêtes magnifiques,
Dignes d'un peuple roi, dignes des immortels?
L'encens de tous côtés fumait sur les autels;
Aux chants religieux de la pompe sacrée
Se mêlaient les transports de la foule enivrée,
Les cris des conducteurs, le bruit confus des chars;
Sur ces marbres brisés s'asseyaient les Césars;
L'or, la pourpre flottaient sur l'arène embrasée;
Des voûtes les parfums descendaient en rosée :
De ces gouffres sortaient, traînés par des soldats,
Ces tristes combattans dévoués au trépas;
C'est ici qu'ils tombaient : là, des vierges timides
Se levaient en silence, et, de meurtres avides,
Proscrivant le vaincu d'un geste menaçant,
De l'œil suivaient le fer dans son sein palpitant :
La victime expirait, et ces peuples féroces
De leur joie inhumaine et de leurs cris atroces
Ébranlaient cette enceinte, et fatiguaient les cieux :
O Rome! dont j'abhorre et les mœurs et les jeux,
Même alors que j'admire et vante ton génie,
Que ton sort est changé! Que le ciel t'a punie!
L'herbe croît dans ces murs où brillaient tes splendeurs;

18.

Ta campagne n'a plus ni troupeaux ni pasteurs ;
Et Babylone et Tyr, du Dieu vivant frappées,
Dans un deuil moins affreux furent enveloppées.

DE St-Victor. Voyage du poëte.

TABLE DES MORCEAUX

CONTENUS DANS LES EXERCICES.

BIBLIOTHÈQUE ROYALE

www.ingramcontent.com/pod-product-compliance
Lightning Source LLC
Chambersburg PA
CBHW060026100426
42740CB00010B/1610

* 9 7 8 2 0 1 2 1 8 8 6 4 8 *